Rudolf Steiner Taschenbücher
aus dem Gesamtwerk

Rudolf Steiner

Das Christentum als mystische Tatsache und die Mysterien des Altertums

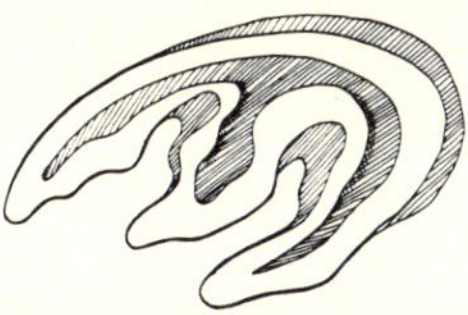

RUDOLF STEINER VERLAG
DORNACH / SCHWEIZ

Herausgegeben von der Rudolf Steiner-Nachlaßverwaltung

1. Auflage Berlin 1902
Ungekürzte Ausgabe nach dem gleichnamigen Band
der Rudolf Steiner Gesamtausgabe
(Bibliographie-Nr. 8, ISBN 3-7274-0080-3)
9. Auflage, Dornach 1989

Taschenbuchausgabe
1.–25. Tsd. Stuttgart 1961
26.–35. Tsd. Dornach 1976
36.–50. Tsd. Dornach 1982
51.–60. Tsd. Dornach 1989

Bestell-Nr. 6190

Zeichen auf dem Umschlag und Titelblatt von Rudolf Steiner

Printed in Germany by Clausen & Bosse, Leck

ISBN 3-7274-6190-X

INHALTSVERZEICHNIS

VORWORT ZUR ZWEITEN AUFLAGE

«Das Christentum als mystische Tatsache» nannte der Verfasser diese Schrift, als er in ihr vor acht Jahren den Inhalt von Vorträgen zusammenfaßte, die er im Jahre 1902 gehalten hatte. Mit diesem Titel sollte auf den besonderen Charakter des Buches gedeutet werden. Es ist in ihm nicht bloß der mystische Gehalt des Christentums geschichtlich darzustellen versucht worden, sondern es sollte die Entstehung des Christentums aus der *mystischen Anschauung* heraus geschildert werden. Es lag dabei der Gedanke zugrunde, daß in dieser Entstehung *geistige Tatsachen* wirkten, die nur durch eine solche Anschauung gesehen werden können. Der Inhalt des Buches allein kann rechtfertigen, daß sein Verfasser «mystisch» *nicht* eine Anschauung nennt, welche sich mehr an unbestimmte Gefühlserkenntnisse als an «streng wissenschaftliche Darlegung» hält. In weiten Kreisen wird ja gegenwärtig «Mystik» in einer solchen Art verstanden und dadurch wohl auch von vielen für ein Gebiet des menschlichen Seelenlebens erklärt, das mit «echter Wissenschaft» nichts zu tun haben kann. Im Sinne dieses Buches wird das Wort «Mystik» gebraucht für die Darstellung einer geistigen Tatsache, die in ihrem Wesen nur erkannt werden kann, wenn die Erkenntnis aus den Quellen des geistigen Lebens selbst hergenommen ist. Wer eine Erkenntnisart, die aus solchen Quellen schöpft, ablehnt, der wird zu dem Inhalt dieses Buches keine Stellung gewinnen können. Nur wer «Mystik» in dem Sinne gelten läßt, daß in ihr eben solche *Klarheit* herrschen kann wie in wahrer Darstellung naturwissenschaftlicher Zusammenhänge, der wird darauf sich einlassen, wie hier der Inhalt des Christentums als Mystik auch mystisch geschildert wird. Denn nicht nur auf den Inhalt der Schrift kommt es an, sondern – und vor allem darauf – aus welchen Erkenntnismitteln heraus in ihr dargestellt wird.

In unserer gegenwärtigen Zeit haben viele noch die heftigsten Abneigungen gegen solche Erkenntnismittel. Sie sehen sie als wahrer Wissenschaftlichkeit widersprechend an. Und dies ist der Fall nicht nur bei denjenigen, welche bloß eine in ihrem Sinne gehaltene Weltauffassung auf dem Boden «echter naturwissenschaftlicher Erkenntnisse» gelten lassen wollen, sondern auch bei solchen, welche als Bekenner des Christentums dessen Wesen betrachten wollen. Der Verfasser dieser Schrift steht auf dem Boden einer Auffassung, welche einsieht, daß die naturwissenschaftlichen Errungenschaften unserer Gegenwart die Erhebung zu wahrer Mystik fordern. Diese Auffassung kann zeigen, daß eine andere Stellung zur Erkenntnis gerade im Widerspruch steht zu allem, was diese naturwissenschaftlichen Errungenschaften darbieten. Mit denjenigen Erkenntnismitteln, welche so manche allein anwenden möchten, die da meinen, auf dem festen Boden der Naturwissenschaft zu stehen, können die Tatsachen dieser Naturwissenschaft eben nicht umfaßt werden.

Nur wer zugeben kann, daß volles Gerechtwerden gegenüber unserer gegenwärtigen, so bewundernswerten Naturerkenntnis mit echter Mystik vereinbar ist, der wird dieses Buch nicht ablehnen.

Durch dasjenige, was hier «mystische Erkenntnis» genannt wird, soll in diesem Buche gezeigt werden, wie der Quell des Christentums sich seine Voraussetzungen geschaffen hat in den Mysterien der vorchristlichen Zeit. In dieser «vorchristlichen Mystik» wird der *Boden* aufgezeigt, in dem als ein Keim von selbständiger Art das Christentum gedeiht. Dieser Gesichtspunkt macht möglich, das Christentum in seiner *selbständigen* Wesenheit zu verstehen, *trotzdem* man seine Entwicklung aus der vorchristlichen Mystik verfolgt. Bei Außerachtlassung dieses Gesichtspunktes ist es nur zu leicht möglich, daß diese Selbständigkeit verkannt wird, indem man glaubt, in dem Christentum habe sich nur weiterentwickelt, was in der vorchristlichen Mystik schon da war. In diesen Fehler verfallen viele Meinungen der Gegenwart, welche den Inhalt des Christentums vergleichen mit vorchristlichen Anschauungen und dann glauben, die christlichen seien *nur* eine Fortbildung dieser vorchristlichen. Das vorliegende Buch soll zeigen, daß Christentum die vorherige Mystik voraussetzt wie der Pflanzenkeim *seinen Boden*. Es will die Wesenheit des Christentums gerade in ihrer Eigenart betonen durch die Erkenntnis seiner Entstehung, sie aber nicht auslöschen.

Mit tiefer Befriedigung darf der Verfasser erwähnen, daß er mit solcher Darstellung des «Wesens des Christentums» die Zustimmung einer Persönlichkeit gefunden hat, welche durch ihre bedeutungsvollen Schriften über das Geistesleben der Menschheit die Bildung unserer Zeit im tiefsten Sinne bereichert hat. *Edouard Schuré*, der Verfasser der «Grands Initiés»*, stimmte den Gesichtspunkten dieses Buches bis zu dem Grade zu, daß er selbst dessen Übersetzung ins Französische besorgte (unter dem Titel: Le mystère chrétien et les mystères antiques). Nur neben-

* Dieses Buch liegt in deutscher Übersetzung von Marie Steiner vor: «Die großen Eingeweihten» von Edouard Schuré (Leipzig bei M. Altmann).

her und als Symptom dafür, daß in der Gegenwart eine Sehnsucht besteht, das Wesen des Christentums im Sinne dieses Buches zu verstehen, soll erwähnt werden, daß die erste Auflage außer ins Französische auch in andere europäische Sprachen übersetzt ist.

Irgend etwas Wesentliches an der ersten Auflage *zu ändern,* hat sich der Verfasser bei Veranstaltung dieser zweiten Auflage nicht veranlaßt gesehen. Dagegen finden sich in derselben *Erweiterungen* des vor acht Jahren Dargestellten. Auch ist versucht worden, manches *genauer* und ausführlicher zu fassen, als es damals hat geschehen können. Leider ist der Verfasser durch viele Arbeit gezwungen gewesen, lange Zeit verstreichen zu lassen zwischen dem Augenblicke, da die erste Auflage vergriffen war, und dem Erscheinen dieser zweiten.

Geschrieben im Mai 1910.

Rudolf Steiner

Das naturwissenschaftliche Denken hat das neuzeitliche Vorstellungsleben tiefgehend beeinflußt. Immer unmöglicher wird es, von den geistigen Bedürfnissen, von dem «Leben der Seele» zu sprechen, ohne sich mit den Vorstellungsarten und Erkenntnissen der Naturwissenschaft auseinanderzusetzen. Gewiß: es gibt noch viele Menschen, welche diese Bedürfnisse befriedigen, ohne sich die Kreise von der naturwissenschaftlichen Strömung im Geistesleben stören zu lassen. Diejenigen, welche den Pulsschlag der Zeit hören, können nicht zu diesen gehören. Mit wachsender Schnelligkeit erobern sich die aus der Naturerkenntnis geschöpften Vorstellungen die Köpfe; und die Herzen folgen, wenn auch viel weniger willig, wenn auch oft mutlos und zagend. Nicht allein auf die *Zahl* derer kommt es an, die erobert sind; sondern darauf, daß dem naturwissenschaftlichen Denken eine Kraft innewohnt, die dem Aufmerkenden die Überzeugung gibt: Dieses Denken enthält etwas, an dem eine Weltanschauung der Gegenwart nicht vorbeigehen kann, ohne bedeutungsvolle Eindrücke zu empfangen. Manche Auswüchse dieses Denkens *nötigen* zu einem berechtigten Zurückweisen seiner Vorstellungen. Doch kann man dabei nicht stehenbleiben in einem Zeitalter, in dem sich weite Kreise dieser Denkungsart zuwenden und von ihr wie von einer Zaubermacht angezogen werden. Daran ändert auch die Tatsache nichts, daß einzelne Persönlichkeiten einsehen, wie wirkliche Wissenschaft durch sich selbst über die «flache Kraft- und Stoffweisheit» des Materialismus «längst» hinausgeführt hat. Viel mehr, so scheint es, ist auf diejenigen zu achten, die mit Kühnheit erklären: die naturwissenschaftlichen Vorstellungen sind es, auf die auch eine neue Religion aufgebaut werden müsse. Wenn solche dem, der die tieferen geistigen Interessen der Menschheit kennt, auch flach und oberflächlich erscheinen, so muß er doch auf sie hören; denn ihnen wendet sich die Aufmerksamkeit der Gegenwart zu; und es sind Gründe zu der Ansicht vorhanden, daß sie die Aufmerksamkeit in der nächsten Zukunft immer mehr gewinnen werden. Und auch die anderen kommen in Betracht, die mit den Interessen ihres Herzens hinter denen ihres Kopfes zurückgeblieben sind. Es sind die, welche sich in ihrem Verstande den naturwissenschaftlichen Vorstellungen nicht entziehen können. Die Beweislast drückt auf sie. Aber die religiösen Bedürfnisse ihres Gemütes können von diesen Vorstellungen nicht befriedigt werden. Für eine solche Befriedigung liefern diese eine zu trostlose Perspektive. Soll denn die Menschenseele sich für die Höhen der Schönheit, Wahrheit und Güte begeistern, um in jedem einzelnen Falle wie eine vom materiellen Gehirn aufgetriebene Schaumblase am Ende in Wesenlosigkeit hinweggefegt zu werden? Das ist eine Empfindung, die auf vielen wie ein Alp lastet. Und die naturwissenschaftlichen Vorstellungen lasten auch deshalb auf ihnen, weil sie mit einer gewaltigen autoritativen Kraft sich aufdrängen. Solche Menschen verhalten sich, solange sie nur können, blind gegen diesen Zwiespalt in ihrer Seele. Ja, sie trösten sich damit, zu sagen, daß volle Klarheit in diesen Dingen der menschlichen Seele versagt sei. Sie denken naturwissenschaftlich, soweit die Erfahrung der Sinne und die Logik des Verstandes dies fordern; aber sie erhalten sich ihre anerzogenen religiösen Empfindungen und bleiben am liebsten über diese Dinge in einer den Verstand umnebelnden

Dunkelheit. Sie haben nicht den Mut, sich zu einer Klarheit durchzuringen.

So kann kein Zweifel darüber sein: Die naturwissenschaftliche Denkungsart ist die mächtigste Gewalt im Geistesleben der Neuzeit. Und wer von den geistigen Interessen der Menschheit spricht, darf an ihr nicht achtlos vorübergehen. Aber zweifellos ist es auch, daß die Art, wie sie zunächst die geistigen Bedürfnisse befriedigt, eine oberflächliche und flache ist. Es wäre trostlos, wenn diese Art die rechte wäre. Oder wäre es nicht niederdrückend, wenn man zustimmen müßte, sobald einer sagt: «Der Gedanke ist eine Form der Kraft. Wir *gehen* mit derselben Kraft, mit der wir *denken*. Der Mensch ist ein Organismus, der verschiedene Formen der Kraft in Gedankenkraft umwandelt, ein Organismus, den wir mit dem, was wir «Nahrung» nennen, in Tätigkeit erhalten, und mit dem wir das, was wir Gedanken nennen, produzieren. Welch ein wundervoller chemischer Prozeß, der ein bloßes Quantum Nahrung in die göttliche Tragödie eines «Hamlet» verwandeln konnte!»? Das ist geschrieben in einer Broschüre Robert G. *Ingersolls*, die den Titel «Moderne Götterdämmerung» trägt. – Mögen solche Gedanken äußerlich wenig Zustimmung finden, wenn sie der eine oder andere ausspricht: das ist gleichgültig. Die Hauptsache ist, daß Unzählige durch die naturwissenschaftliche Denkungsart sich gezwungen sehen, sich im Sinne der obigen Sätze zu den Vorgängen der Welt zu stellen, auch wenn sie die Meinung haben, daß sie es nicht tun.

Gewiß wären diese Dinge trostlos, wenn die Naturwissenschaft selbst zu dem Bekenntnisse zwänge, das viele ihrer neueren Propheten verkünden. Am trostlosesten für den, welcher aus dem Inhalte dieser Naturwissenschaft die Überzeugung gewonnen hat, daß auf ihrem Naturgebiete ihre Denkungsart gültig, ihre Methoden unerschütterlich sind. Denn ein solcher muß sich sagen: Mögen sich die Leute noch so sehr über einzelne Fragen herumstreiten; mögen Bände nach Bänden geschrieben, Beobachtungen nach Beobachtungen gesammelt werden über den «Kampf ums Dasein» und seine Bedeutungslosigkeit, über «Allmacht» oder «Ohnmacht» der «Naturzüchtung»: die Naturwissenschaft selbst bewegt sich in einer Richtung, die, innerhalb gewisser Grenzen, Zustimmung in immer höherem Grade finden *muß.*

Aber sind die Forderungen der Naturwissenschaft wirklich diejenigen, von denen einige ihrer Vertreter sprechen? Daß sie es nicht sind, beweist gerade das Verhalten dieser Vertreter selbst. Dieses ihr Verhalten ist auf ihrem eigenen Gebiete nicht ein solches, wie viele es beschreiben und für andere Gebiete fordern. Oder hätten *Darwin* und *Ernst Haeckel* jemals die großen Entdeckungen auf dem Gebiete der Lebensentwicklung gemacht, wenn sie, statt das Leben und den Bau der Lebewesen zu beobachten, sich in das Laboratorium begeben hätten, um *chemische* Versuche über ein aus einem Organismus herausgeschnittenes Stück Gewebe anzustellen? Hätte *Lyell* die Entwicklung der Erdrinde darstellen können, wenn er nicht die Schichten der Erde und deren Inhalt untersucht, sondern dafür unzählige Steine auf ihre chemischen Eigenschaften hin geprüft hätte? Man wandle doch *wirklich* in den Spuren dieser Forscher, die sich wie monumentale Gestalten innerhalb der neueren Wissenschaftsentwicklung darstellen! Man wird es dann in den höheren Gebieten des Geisteslebens treiben, wie sie es auf dem Felde der Naturbeobachtung getrieben haben. Man wird dann nicht glauben, daß man das Wesen der «göttlichen» Hamlettragödie begriffen habe, wenn man sagt: ein wundervoller chemischer Prozeß habe ein Quantum Nahrung in diese Tragödie umgewandelt. Man wird das ebensowenig glauben, wie irgendein Naturforscher im Ernste glauben kann: er habe die Aufgabe der Wärme bei der Erdentwicklung begriffen, wenn er die Wirkung der Wärme auf den Schwefel in der chemischen Retorte studiert hat. Er sucht ja den Bau des menschlichen Gehirns auch nicht dadurch zu begreifen, daß er ein Stückchen aus dem Kopfe nimmt und untersucht, wie eine Lauge darauf wirkt, sondern indem er sich frägt, wie es sich im Laufe der Entwicklung aus den Organen niederer Organismen gestaltet hat.

Es ist also doch wahr: Derjenige, welcher die Wesenheit des Geistes untersucht, *kann* von der Naturwissenschaft nur lernen. Er braucht es nur wirklich so zu machen, wie sie es macht. Er darf sich nur nicht täuschen lassen durch das, was ihm einzelne Vertreter der Naturwissenschaft *vorschreiben* wollen. Er soll forschen im geistigen Gebiete wie sie im physischen; aber er braucht die *Meinungen* nicht zu übernehmen, welche sie, getrübt durch ihr Denken über rein Physisches, von der geistigen Welt vorstellen.

Man handelt nur im Sinne der Naturwissenschaft, wenn man den geistigen Werdegang des Menschen ebenso unbefangen betrachtet, wie der Naturforscher die sinnliche Welt beobachtet. Man wird dann allerdings auf dem Gebiete des Geisteslebens zu einer Betrachtungsart geführt, die sich von der bloß naturwissenschaftlichen ebenso unterscheidet wie die geologische von der bloß physikalischen, die Untersuchung der Lebensentwicklung von der Erforschung der bloßen chemischen Gesetze. Man wird zu höheren Methoden geführt, die zwar nicht die naturwissenschaftlichen sein können, aber doch ganz in ihrem Sinne gehalten sind. Dadurch wird sich manche einseitige Ansicht der Naturforschung von einem andern Gesichtspunkte aus modifizieren oder korrigieren lassen; aber man setzt damit die Naturwissenschaft nur fort; man sündigt nicht gegen sie. – Solche Methoden allein können dazu führen, in geistige Entwicklungen wie in diejenige des Christentums oder anderer religiöser Vorstellungswelten wirklich einzudringen. Wer sie anwendet, mag den Widerspruch mancher Persönlichkeit erregen, die naturwissenschaftlich zu denken glaubt: er weiß sich aber doch in vollem Einklange mit einer wahrhaft naturwissenschaftlichen Vorstellungsart.

Auch über die bloß *geschichtliche* Erforschung der Dokumente des Geisteslebens muß ein also Forschender hinausschreiten. Er muß es gerade *wegen* seiner aus der Betrachtung des natürlichen Geschehens geschöpften Gesinnung. Es hat für die Darlegung eines chemischen Gesetzes wenig Wert, wenn man die Retorten, Schalen und Pinzetten beschreibt, die zu der Entdeckung des Gesetzes geführt haben. Aber genausoviel und genausowenig Wert hat es, wenn man, um die Entstehung des Christentums darzulegen, die geschichtlichen Quellen feststellt, aus denen der Evangelist Lukas geschöpft hat; oder aus denen die «Geheime Offenbarung» des Johannes zusammengestellt ist. Die «Geschichte» kann da nur der Vorhof der eigentlichen Forschung sein. Nicht dadurch erfährt man etwas über die Vorstellungen, welche in den Schriften des Moses oder in den Überlieferungen der griechischen Mysten herrschen, daß man die geschichtliche Entstehung der Dokumente verfolgt. In diesen haben doch die Vorstellungen, um die es sich handelt, nur einen äußeren Ausdruck gefunden. Und auch der Naturforscher, der das Wesen des «Menschen» erforschen will, verfolgt nicht, wie das *Wort* «Mensch» entstanden ist und wie es in der Sprache sich fortgebildet hat. Er hält sich an die Sache, nicht an das *Wort,* in dem die Sache ihren Ausdruck findet. Und im Geistesleben wird man sich an den Geist und nicht an seine äußeren Dokumente zu halten haben.

Etwas wie ein geheimnisvoller Schleier liegt über der Art, wie innerhalb der alten Kulturen diejenigen ihre geistigen Bedürfnisse befriedigten, welche nach einem tieferen religiösen und Erkenntnisleben suchten, als die Volksreligionen bieten konnten. In das Dunkel rätselvoller Kulte werden wir geführt, wenn wir der Befriedigung solcher Bedürfnisse nachforschen. Jede Persönlichkeit, die solche Befriedigung findet, entzieht sich für einige Zeit unserer Beobachtung. Wir sehen, wie ihr zunächst die Volksreligionen nicht geben können, was ihr Herz sucht. Sie anerkennt die Götter; aber sie weiß, daß in den gewöhnlichen Anschauungen über die Götter die großen Rätselfragen des Daseins sich nicht enthüllen. Sie sucht eine Weisheit, die sorglich eine Gemeinschaft von Priesterweisen hütet. Sie sucht Zuflucht bei dieser Gemeinschaft für die strebende Seele. Wird sie von den Weisen reif befunden, so wird sie von ihnen auf eine Art, die sich dem Auge des Außenstehenden entzieht, von Stufe zu Stufe hinaufgeführt zu höherer Einsicht. Was mit ihr nun vorgeht, verhüllt sich den Uneingeweihten. Sie scheint der irdischen Welt für einige Zeit völlig entrückt. Wie in eine geheime Welt versetzt erscheint sie. – Und wenn sie wieder dem Tageslicht gegeben ist, steht eine andere, eine völlig verwandelte Persönlichkeit vor uns. Eine Persönlichkeit, die nicht Worte findet, die erhaben genug sind, um auszudrücken, wie bedeutungsvoll das Erlebte für sie gewesen ist. Sie erscheint sich, nicht bildlich bloß, sondern im Sinne höchster Wirklichkeit, wie durch den Tod hindurchgegangen und zu neuem höheren Leben erwacht. Und sie ist klar darüber, daß niemand ihre Worte recht verstehen kann, der nicht ein Gleiches erlebt hat.

So war es mit den Personen, welche durch die Mysterien eingeweiht wurden. In jenen geheimnisvollen Weisheitsinhalt, der dem Volke entzogen wurde und der über die höchsten Fragen Licht brachte. Neben der Volksreligion bestand diese «geheime» Religion der Auserwählten. Ihr Ursprung verschwimmt für den geschichtlichen Blick in das Dunkel des Völkerursprungs. Man findet sie bei den alten Völkern überall, soweit man darüber eine Einsicht gewinnen kann. Die Weisen dieser Völker reden mit der größten Ehrerbietung von den Mysterien. – Was wurde in ihnen verhüllt? Und was enthüllten sie dem, der in sie eingeweiht wurde?

Das Rätselhafte ihrer Erscheinung wird erhöht, wenn man gewahr wird, daß die Mysterien von den Alten zugleich als etwas Gefährliches angesehen wurden. Durch eine Welt von Furchtbarkeiten führte der Weg zu den Geheimnissen des Daseins. Und wehe dem, der unwürdig zu ihnen gelangen wollte. – Kein größeres Verbrechen gab es als den «Verrat» der Geheimnisse an Uneingeweihte. Mit dem Tode und der Güterkonfiskation wurde der «Verräter» gestraft. Man weiß, daß der Dichter Äschylus angeklagt war, einiges von den Mysterien auf die Bühne gebracht zu haben. Er konnte dem Tode nur entgehen durch die Flucht zu dem Altar des Dionysos und durch den gerichtlichen Nachweis, daß er gar kein Eingeweihter war.

Vielsagend aber auch vieldeutig ist, was die Alten über diese Geheimnisse sagen. Der Eingeweihte ist überzeugt, daß es sündhaft ist, zu sagen, was er weiß; und auch daß es für den Uneingeweihten sündhaft ist, es zu hören. Plutarch spricht von dem Schrecken der Einzuweihenden und vergleicht den Zustand derselben mit der Vorbereitung zum

Tode. Eine besondere Lebensweise mußte den Einweihungen vorangehen. Sie war dazu angetan, die Sinnlichkeit in die Gewalt des Geistes zu bringen. Fasten, einsames Leben, Kasteiungen und gewisse seelische Übungen sollten dazu dienen. Woran der Mensch im gewöhnlichen Leben hängt, sollte allen Wert für ihn verlieren. Die ganze Richtung seines Empfindungs- und Gefühlslebens mußte eine andere werden. – Man kann nicht im Zweifel sein über den Sinn solcher Übungen und Prüfungen. Die Weisheit, die dem Einzuweihenden dargeboten werden sollte, konnte nur dann die rechte Wirkung auf seine Seele tun, wenn er vorher seine niedere Empfindungswelt umgestaltet hatte. In das Leben des Geistes wurde er eingeführt. Er sollte eine höhere Welt schauen. Zu ihr konnte er ohne vorherige Übungen und Prüfungen kein Verhältnis gewinnen. Es kam eben auf dieses Verhältnis an. Wer über diese Dinge recht denken will, muß Erfahrungen über die intimen Tatsachen des Erkenntnislebens haben. Er muß empfinden, daß es zwei weit auseinanderliegende Verhältnisse gibt zu dem, was die höchste Erkenntnis darbietet. – Die Welt, die den Menschen umgibt, ist zunächst seine *wirkliche.* Er tastet, hört und sieht ihre Vorgänge. Er nennt diese deshalb, weil er sie mit seinen Sinnen wahrnimmt, wirklich. Und er denkt über sie nach, um sich über ihre Zusammenhänge aufzuklären. – Was dagegen in seiner Seele aufsteigt, ist ihm zuerst nicht in demselben Sinne Wirklichkeit. Es sind das eben «bloße» Gedanken und Ideen. *Bilder* der sinnlichen Wirklichkeit sieht er höchstens in ihnen. Sie haben selbst keine Wirklichkeit. Man kann sie ja nicht betasten; man hört und sieht sie nicht.

Es gibt ein anderes Verhältnis zu der Welt. Wer unbedingt an der eben geschilderten Art von Wirklichkeit hängt, wird es kaum begreifen. Es stellt sich für gewisse Menschen in einem Zeitpunkte ihres Lebens ein. Für sie kehrt sich das ganze Verhältnis zur Welt um. Sie nennen Gebilde, die in dem geistigen Leben ihrer Seele auftauchen, wahrhaft wirklich. Und was Sinne hören, tasten und sehen, dem schreiben sie nur eine Wirklichkeit niederer Art zu. Sie wissen, daß sie, was sie da sagen, nicht *beweisen* können. Sie wissen, daß sie von ihren neuen Erfahrungen nur *erzählen* können. Und daß sie mit ihren Erzählungen dem andern so gegenüberstehen wie der Sehende mit der Mitteilung der Wahrnehmungen seines Auges dem Blindgeborenen. Sie unternehmen die Mitteilung ihrer inneren Erlebnisse in dem Vertrauen, daß um sie andere stehen, deren geistiges Auge zwar noch geschlossen ist, deren gedankliches Verstehen aber durch die Kraft des Mitgeteilten ermöglicht werden kann. Denn sie haben den Glauben an die Menschheit und wollen geistige Augenaufschließer sein. Sie können nur hinlegen die Früchte, die ihr Geist selbst gepflückt hat; ob der andere sie sieht, hängt davon ab, ob er Verständnis hat für das, was ein Geistesauge schaut. – Es ist im Menschen etwas, was ihn zunächst hindert, mit Geistesaugen zu sehen. Er ist zuerst gar nicht dazu da. Er ist, was er seinen Sinnen nach ist; und sein Verstand ist nur der Erklärer und Richter seiner Sinne. Diese Sinne würden *ihre* Aufgabe schlecht erfüllen, wenn sie nicht auf der Treue und Untrüglichkeit ihrer Aussagen beständen. Ein Auge wäre ein schlechtes Auge, das nicht, von seinem Standpunkte aus, die unbedingte Wirklichkeit seiner Gesichtswahrnehmungen behauptete. Das Auge hat für sich Recht. Es verliert auch sein Recht nicht durch das Geistesauge. Dies Geistesauge läßt nur zu, daß man die Dinge des sinnlichen Auges in einem höheren

Lichte sieht. Man leugnet dann auch nichts von dem, was das sinnliche Auge geschaut hat. Aber von dem Gesehenen strahlt ein neuer Glanz aus, den man früher nicht gesehen hat. Und dann weiß man, daß man zuerst nur eine niedere Wirklichkeit gesehen hat. Man sieht nunmehr dasselbe; aber man sieht es eingetaucht in ein Höheres, in den Geist. Es handelt sich nun darum, ob man auch empfindet und fühlt, was man sieht. Wer allein dem Sinnlichen gegenüber mit *lebendigen* Empfindungen und Gefühlen dasteht, der sieht in dem Höheren eine Fata Morgana, ein «bloßes» Phantasiegebilde. Seine Gefühle sind eben nur auf das Sinnliche hingeordnet. Er greift ins Leere, wenn er die Geistesgebilde fassen will. Sie ziehen sich vor ihm zurück, wenn er nach ihnen tasten will. Sie sind eben «bloße» Gedanken. Er denkt sie; er *lebt* nicht in ihnen. Bilder sind sie ihm, unwirklicher als hinhuschende Träume. Als Schaumgebilde steigen sie auf, wenn er sich *seiner* Wirklichkeit gegenüberstellt; sie verschwinden gegenüber der massiven, in sich fest gebauten Wirklichkeit, von der ihm seine Sinne mitteilen. – Anders der, welcher seine Empfindungen und Gefühle gegenüber der Wirklichkeit verändert hat. Für den hat diese Wirklichkeit ihre absolute Standfestigkeit, ihren unbedingten Wert verloren. Nicht stumpf brauchen seine Sinne und seine Gefühle zu werden. Aber sie fangen an, an ihrer unbedingten Herrschaft zu zweifeln; sie lassen Raum für etwas anderes. Die Welt des Geistes fängt an diesen Raum zu beleben.

Eine Möglichkeit liegt hier, die furchtbar sein kann. Es ist die, daß der Mensch seine Empfindungen und Gefühle für die unmittelbare Wirklichkeit verliert und sich keine neue vor ihm auftut. Er schwebt dann wie im Leeren. Er kommt sich wie abgestorben vor. Die alten Werte sind dahin, und keine neuen sind ihm erstanden. Die Welt und der Mensch sind dann für ihn nicht mehr vorhanden. – Das ist aber gar nicht eine bloße Möglichkeit. Es wird für jeden, der zu höherer Erkenntnis kommen will, einmal Wirklichkeit. Er langt da an, wo der Geist für ihn alles Leben für Tod erklärt. Er ist dann nicht mehr in der Welt. Er ist *unter* der Welt – in der Unterwelt. Er vollzieht die – Hadesfahrt. Wohl ihm, wenn er nun nicht versinkt. Wenn sich vor ihm eine neue Welt auftut. Er schwindet entweder dahin; oder er steht als Verwandelter neu vor sich. In letzterem Falle steht eine neue Sonne, eine neue Erde vor ihm. Aus dem geistigen Feuer ist ihm die ganze Welt wiedergeboren.

Und so schildern die Eingeweihten, was durch die Mysterien aus ihnen geworden ist. Menippus erzählt, daß er nach Babylon gereist sei, um von den Nachfolgern des Zoroaster in den Hades und wieder zurück geführt zu werden. Er sagt, daß er auf seinen Wanderungen durch das große Wasser geschwommen sei; daß er durch Feuer und Eis gekommen sei. Man hört von den Mysten, daß sie durch ein gezücktes Schwert erschreckt worden seien und daß dabei «Blut floß». Man versteht solche Worte, wenn man die Durchgangsstätte von der niederen zu der höheren Erkenntnis kennt. Man hat ja selbst gefühlt, wie alle feste Materie, wie alles Sinnliche zu Wasser zerflossen ist; man hatte ja allen Boden verloren. Alles, was man vorher als lebend empfunden hatte, war getötet worden. Wie ein Schwert durch den warmen Körper geht, ist der Geist durch alles sinnliche Leben gegangen; man hat das Blut der Sinnlichkeit fließen sehen.

Aber ein neues Leben ist erschienen. Man ist aus der Unterwelt emporgestiegen. Der Redner Aristides spricht davon. «Ich glaubte den Gott zu berühren, sein Nahen zu fühlen, und ich war dabei zwischen Wachen und Schlaf; mein Geist war ganz leicht, so daß es kein Mensch sagen und begreifen kann, der nicht ‹eingeweiht› ist.» Dieses neue Dasein ist nicht den Gesetzen des niederen Lebens unterworfen. Werden und Vergehen berühren es nicht. Man kann viel über das Ewige sprechen; wer nicht das damit meint, was *die* aussagen, die *nach* der Hadesfahrt davon sprechen, dessen Worte sind «Schall und Rauch». Die Eingeweihten haben eine neue Anschauung von Leben und Tod. Sie halten sich nun erst befugt, von Unsterblichkeit zu sprechen. Sie wissen, daß wer ohne Kenntnis derer, die aus den Weihen heraus von Unsterblichkeit sprechen, etwas von ihr sagt, das er nicht versteht. Ein solcher schreibt nur einem Dinge die Unsterblichkeit zu, das den Gesetzen des Werdens und Vergehens unterworfen ist. – Nicht die bloße *Überzeugung* von der Ewigkeit des Lebenskernes wollen die Mysten gewinnen. Nach der Auffassung der Mysterien wäre eine solche Überzeugung ohne allen Wert. Denn nach solcher Auffassung ist in dem Nicht-Mysten das Ewige gar nicht lebendig vorhanden. Spräche er von einem Ewigen, so spräche er von einem Nichts. Es ist vielmehr dieses Ewige selbst, was die Mysten suchen. Sie müssen in sich das Ewige erst erwecken; dann können sie davon sprechen. Daher hat für sie das harte Wort des Plato volle Wirklichkeit, daß in Schlamm versinkt, wer nicht eingeweiht; und daß nur der in die Ewigkeit eingeht, der mystisches Leben durchgemacht hat. So nur auch können die Worte in dem Sophokles-Fragment verstanden werden: «Wie hochbeglückt gelangen jene ins Schattenreich – die eingeweiht sind. Sie *leben* dort allein – den andern ist nur Not und Ungemach bestimmt.»

Schildert man also nicht *Gefahren*, wenn man von den Mysterien redet? Ist es nicht ein Glück, ja ein Lebenswert höchster Art, den man demjenigen raubt, den man an das Tor der Unterwelt führt? Furchtbar ist doch die Verantwortlichkeit, die man dadurch auf sich lädt. Und dennoch: dürfen wir uns dieser Verantwortlichkeit entziehen? So waren die Fragen, die sich der Eingeweihte vorzulegen hatte. Er war der Meinung, daß zu seinem Wissen sich das Volksgemüt verhält wie zum Licht das Dunkel. Aber in diesem Dunkel wohnt ein unschuldiges Glück. Es war die Meinung der Mysten, daß in dieses Glück nicht frevelhaft eingegriffen werden dürfe. Denn was wäre es zunächst denn gewesen: wenn der Myste sein Geheimnis «verraten» hätte? Er hätte Worte, nichts als Worte gesprochen. Nirgends wären die Empfindungen und Gefühle gewesen, die aus diesen Worten den Geist geschlagen hätten. Dazu hätte ja die Vorbereitung, hätten die Übungen und Prüfungen, hätte der ganze Wandel im Sinnesleben gehört. Ohne diese hätte man den Hörer in die Leerheit, in die Nichtigkeit geschleudert. Man hätte ihm genommen, was sein Glück ausmachte; und man hätte ihm nichts dafür geben können. Ja man hätte ihm nicht einmal etwas nehmen können. Denn mit bloßen Worten hätte man sein Empfindungsleben ja doch nicht ändern können. Er hätte nur bei den Dingen seiner Sinne Wirklichkeit fühlen, *erleben* können. Nicht mehr als eine furchtbare, lebenzerstörende *Ahnung* hätte man ihm geben können. Als ein Verbrechen hätte man das auffassen müssen. Es kann dies nicht mehr volle Gültigkeit haben für die Erringung der Geist-Erkenntnis in der Gegenwart. Diese kann begrifflich verstanden werden, weil die neuere Menschheit eine Begriffsfähigkeit hat, welche der alten fehlte. Heute kann es solche Menschen geben, die Erkenntnis der geistigen Welt durch eigenes Erleben haben; und ihnen können solche gegenüberstehen, die dieses Erlebte begrifflich verstehen. Eine solche Begriffsfähigkeit fehlte der älteren Menschheit.

Es gleicht die alte Mysterienweisheit einer Treibhauspflanze, die in Abgeschlossenheit gehegt und gepflegt werden muß. Wer sie in die Atmosphäre der Alltagsanschauungen trägt, der gibt ihr eine Lebensluft, in der sie nicht gedeihen kann. Vor dem kaustischen Urteil moderner Wissenschaftlichkeit und Logik zerschmilzt sie in nichts. Entäußern wir uns deshalb eine Zeitlang aller Erziehung, die uns Mikroskop, Fernrohr und naturwissenschaftliche Denkweise gebracht haben; reinigen wir unsere täppisch gewordenen Hände, die zuviel mit Sezieren und Experimentieren beschäftigt waren, damit wir in den reinen Tempel der Mysterien treten können. Dazu ist wahre Unbefangenheit notwendig.

Es kommt für den Mysten zuerst auf die Stimmung an, in der er sich dem naht, was er als das Höchste, als die Antworten auf die Rätselfragen des Daseins empfindet. Gerade in unserer Zeit, in der man als Erkenntnis nur das Grob-Wissenschaftliche anerkennen will, wird es schwer, zu glauben, daß es in den höchsten Dingen auf eine Stimmung ankomme. Die Erkenntnis wird ja dadurch zu einer intimen Angelegenheit der Persönlichkeit gemacht. Für den Mysten ist sie aber eine solche. Man sage jemand die Lösung des Welträtsels! Man gebe sie ihm fertig in die Hand!

Der Myste wird finden, daß alles leerer Schall ist, wenn nicht die Persönlichkeit in der rechten Art dieser Lösung gegenübertritt. Diese Lösung ist nichts; sie zerflattert, wenn nicht das Gefühl das besondere Feuer fängt, das notwendig ist. Eine Gottheit trete dir entgegen! Sie ist entweder nichts oder alles. Nichts ist sie, wenn du ihr entgegentrittst in der Stimmung, in der du den Dingen des Alltags begegnest. Sie ist alles, wenn du für sie vorbereitet, gestimmt bist. Was sie für sich ist, das ist eine Sache, die dich nicht berührt: ob sie dich läßt, wie du bist, oder ob sie aus dir einen anderen Menschen macht: darauf kommt es an. Aber das hängt lediglich von dir ab. Eine Erziehung, eine Entwicklung intimster Kräfte der Persönlichkeit muß dich vorbereitet haben, damit in dir entzündet, ausgelöst werde, was eine Gottheit vermag. Es kommt auf den Empfang an, den du dem bereitest, was dir entgegengebracht wird. Plutarch hat von dieser Erziehung Mitteilung gemacht; er hat von dem Gruß erzählt, den der Myste der Gottheit bietet, die ihm entgegentritt: «Denn der Gott begrüßt gleichsam einen jeden von uns, der sich ihm hier nahet, mit dem: Kenne dich selbst, was doch gewiß um nichts schlechter ist als der gewöhnliche Gruß: Sei gegrüßt. Wir aber erwidern darauf der Gottheit mit den Worten: Du bist, und bringen ihr damit den Gruß des *Seins* als den wahren, ursprünglichen und allein ihr zukommenden. – Denn wir haben eigentlich hier keinen Anteil an diesem Sein, sondern eine jede sterbliche Natur, indem sie zwischen Entstehung und Untergang in der Mitte liegt, zeigt bloß eine Erscheinung und ein schwaches und unsicheres Wähnen von sich selbst; bemüht man sich nun mit dem Verstande sie zu erfassen, so geht es wie bei stark zusammengepreßtem Wasser, welches bloß durch den Druck und das Zusammenpressen gerinnt und das, was von ihm umfaßt wird, verdirbt; der Verstand nämlich, indem er der allzu deutlichen Vorstellung eines jeden der Zufälle und der Veränderung unterworfenen Wesens nachjagt, verirrt sich bald zum Ursprung desselben, bald zu seinem Untergang, und kann nichts Bleibendes oder wirklich Seiendes auffassen. Denn man kann, wie Heraklit sich ausdrückt, nicht zweimal in derselben Welle schwimmen und ebensowenig ein sterbliches Wesen zweimal in demselben Zustand ergreifen, sondern durch die Heftigkeit und Schnelligkeit der Bewegung zerstört es sich und vereinigt sich wieder; es entsteht und vergeht; es geht herzu und geht weg. Daher das, was wird, nie zum wahren Sein gelangen kann, weil die Entstehung nie aufhört oder einen Stillstand hat, sondern schon beim Samen die Veränderung anfängt, indem sie einen Embryo bildet, dann ein Kind, dann einen Jüngling, einen Mann, einen Alten und einen Greis, indem sie die ersten Entstehungen und Alter stets vernichtet durch die darauffolgenden. Daher ist es lächerlich, wenn wir uns vor dem *einen* Tode fürchten, da wir schon auf so vielfache Art gestorben sind und sterben. Denn nicht bloß, wie Heraklit sagt, ist der Tod des Feuers das Entstehen der Luft und der Tod der Luft das Entstehen des Wassers, sondern man kann dieses noch deutlicher an dem Menschen selbst wahrnehmen; der kräftige Mann stirbt, wenn er ein Greis wird, der Jüngling, indem er ein Mann wird, der Knabe, indem er ein Jüngling wird, das Kind, indem es ein Knabe wird. Das Gestrige ist Sterben in dem Heutigen, das Heutige stirbt in dem Morgenden; keines bleibt oder ist ein Einziges, sondern wir werden vieles, indem die Materie sich um ein Bild, um eine gemeinschaftliche Form herumtreibt. Denn wie könnten wir, wenn wir stets dieselben wären, jetzt an andern Dingen Gefallen finden als früherhin, die entgegengesetzten Dinge lieben und hassen, bewundern und tadeln, anderes reden, anderen Leidenschaften uns ergeben, wenn wir nicht auch eine andere Gestalt, andere Formen und andere Sinne annähmen? Denn ohne Veränderung läßt sich nicht wohl in einen andern Zustand kommen, und der, welcher sich verändert, ist auch nicht mehr derselbe; wenn er aber nicht derselbe ist, so ist er auch nicht mehr und verändert sich aus eben diesem, indem er ein anderer wird. Die sinnliche Wahrnehmung verführte uns nur, weil wir das wahre Sein nicht kennen, was bloß scheint, dafür zu halten» (Plutarch, Über das «EI» zu Delphi, 17 u. 18).

Plutarch charakterisiert sich des öfteren als einen Eingeweihten. Was er uns hier schildert, ist Bedingung des Mystenlebens. Der Mensch gelangt zu einer Weisheit, durch die der Geist zunächst die Scheinhaftigkeit des sinnlichen Lebens durchschaut. In den Fluß des Werdens wird alles eingetaucht, was die Sinnlichkeit als Sein, als Wirklichkeit anschaut. Und wie das mit allen anderen Dingen der Welt geschieht, so auch mit dem Menschen selbst. Vor seinem Geistesauge zerflattert er selbst; seine Ganzheit löst sich in Teile, in vergängliche Erscheinungen auf. Geburt und Tod verlieren ihre auszeichnende Bedeutung; sie werden zu Augenblicken der Entstehung und des Vergehens wie alles dasjenige, was sonst geschieht. In dem Zusammenhang von Werden und Vergehen kann das Höchste nicht gefunden werden. Es kann nur gesucht werden in dem, was wahrhaft bleibend ist, was zurückschaut auf das Vergangene und vorschaut auf das Zukünftige. Es ist eine höhere Erkenntnisstufe: dieses Rück- und Vorschauende zu finden. Es ist der Geist, der sich in und an dem Sinnlichen offenbart. Er hat nichts zu tun mit dem sinnlichen Werden. Er entsteht nicht und vergeht nicht in derselben Art wie die Sinneserscheinungen. Wer allein in der Sinnenwelt lebt, hat diesen Geist als verborgenen in sich; wer die Scheinhaftigkeit der Sinnenwelt durchschaut, hat ihn als offenbare Wirklichkeit in sich. Wer zu solchem Durchschauen gelangt, hat ein neues Glied an sich entwickelt. Es ist mit ihm etwas vorgegangen wie mit der Pflanze, die erst nur grüne Blätter hatte und dann eine farbige Blüte aus sich treibt. Gewiß: die Kräfte, durch welche die Blume geworden, lagen verborgen schon vor Entstehung der Blüte in der Pflanze, aber sie sind erst mit dieser Entstehung zur Wirklichkeit geworden. Auch in dem nur sinnlichen Menschen liegen verborgen die göttlich-geistigen Kräfte; aber erst in dem Mysten sind sie offenbare Wirklichkeit. Darin liegt die Verwandlung, die mit dem Mysten vorgegangen ist. Er hat zur vorher vorhandenen Welt, durch seine Entwicklung, etwas Neues hinzugefügt. Die sinnliche Welt hat aus ihm einen sinnlichen Menschen gemacht und ihn dann sich selbst überlassen. Die Natur hat damit ihre Sendung erfüllt. Was sie selbst mit den im Menschen wirksamen Kräften vermag, ist erschöpft. Aber noch nicht sind diese Kräfte selbst erschöpft. Sie liegen wie verzaubert in dem rein natürlichen Menschen und harren ihrer Erlösung. Sie können sich nicht selbst erlösen; sie verschwinden in Nichts, wenn der Mensch sie nun nicht ergreift und weiter entwickelt; wenn er nicht das, was in ihm verborgen ruht, zum wirklichen Dasein erweckt. – Die Natur entwickelt sich vom Unvollkommensten zum Vollkommenen. Vom Leblosen führt sie durch eine weite Stufenreihe die Wesen durch alle Formen des Lebendigen bis zum sinnlichen Menschen. Dieser schließt in seiner Sinnlichkeit die Augen auf und wird sich als sinnlich-wirkliches, als veränderliches Wesen gewahr. Aber er verspürt auch noch die Kräfte in sich, aus denen diese Sinnlichkeit geboren ist. Diese Kräfte sind nicht das Veränderliche, denn aus ihnen ist ja das Veränderliche entsprungen. Der Mensch trägt sie in sich als Zeichen, daß mehr in ihm lebt, als was er sinnlich wahrnimmt. Was durch sie werden kann, ist noch nicht. Der Mensch fühlt, daß in ihm etwas aufleuchtet, was alles geschaffen, mit Einschluß seiner selbst; und er fühlt, daß dieses Etwas das sein wird, was ihn zu höherem Schaffen beflügeln wird. Es ist in ihm, es war vor seiner sinnlichen Erscheinung und wird nach dieser sein. Er ist durch es geworden, aber er darf es ergreifen und selbst an seinem Schaffen teilnehmen. Solche Gefühle leben in dem alten Mysten nach der Einweihung. Er fühlte das Ewige, das Göttliche. Sein Tun soll ein Glied werden in dem Schaffen dieses Göttlichen. Er darf sich sagen: Ich habe in mir ein höheres «Ich» entdeckt, aber dieses «Ich» reicht hinaus über die Grenzen meines sinnlichen Werdens; es war vor meiner Geburt, es wird nach meinem Tode sein. Geschaffen hat dieses «Ich» von Ewigkeit; schaffen wird es in Ewigkeit. Meine sinnliche Persönlichkeit ist ein Geschöpf dieses «Ich». Aber es hat mich eingegliedert in sich; es schafft in mir; ich bin sein Teil. Was ich nunmehr schaffe, ist ein Höheres als das Sinnliche. Meine Persönlichkeit ist nur ein Mittel für diese schaffende Kraft, für dieses Göttliche in mir. So hat der Myste seine Vergottung erfahren.

Ihren wahren Geist nannten die Mysten die Kraft, die also in ihnen aufleuchtete. Sie waren die Ergebnisse dieses Geistes. Wie wenn ein neues Wesen in sie eingezogen und von ihren Organen Besitz ergriffen hätte, so kam ihnen ihr Zustand vor. Es war ein Wesen, das zwischen ihnen, als sinnlichen Persönlichkeiten, und zwischen der allwaltenden Weltenkraft, der Gottheit, stand. Diesen seinen wahren Geist suchte der Myste. Ich bin Mensch geworden in der großen Natur: so sprach er zu sich. Aber die Natur hat ihr Geschäft nicht vollendet. Diese Vollendung muß ich selbst übernehmen. Aber ich kann es nicht in dem groben Reiche der Natur, zu der auch meine sinnliche Persönlichkeit gehört. Was in diesem Reiche sich entwickeln kann, ist entwickelt. Deshalb muß ich heraus aus diesem Reiche. Ich muß im Reiche der Geister weiter bauen, da, wo die Natur stehengeblieben ist. Ich muß mir eine Lebensluft schaffen, die in der äußeren Natur nicht zu finden ist. Diese Lebensluft wurde für die Mysten in den Mysterientempeln bereitet. Dort wurden die in ihnen schlummernden Kräfte erweckt; dort wurden sie in höhere, schaffende, in Geistnaturen umgewandelt. Ein zarter Prozeß war diese Verwandlung. Er konnte die rauhe Tagesluft nicht vertragen. Hatte er aber seine Aufgabe erfüllt, dann war der Mensch durch ihn ein Fels geworden, der im Ewigen gegründet war und der allen Stürmen trotzen konnte. Nur durfte er nicht glauben, daß er anderen in unmittelbarer Form mitteilen könne, was er erlebt.

Plutarch teilt mit, daß in den Mysterien «die größten Aufschlüsse und Deutungen über die wahre Natur der Dämonen zu finden seien». Und von Cicero erfahren wir, daß in den Mysterien, «wenn sie erklärt und auf ihren

Sinn zurückgeführt werden, mehr die Natur der Dinge als die der Götter erkannt werde» (Plut.: Über den Verfall der Orakel; und Cicero: Über die Natur der Götter). Aus solchen Mitteilungen ersieht man klar, daß es für Mysten höhere Aufschlüsse gab über die Natur der Dinge, als jene waren, welche die Volksreligion zu geben vermochte. Ja, man sieht daraus, daß die Dämonen, also die geistigen Wesenheiten, und die Götter selbst einer Erklärung bedurften. Man ging also zu Wesenheiten zurück, die höherer Art als Dämonen und Götter sind. Und solches lag im Wesen der Mysterienweisheit. Das Volk stellte Götter und Dämonen in Bildern vor, deren Inhalt ganz der sinnlich-wirklichen Welt entnommen war. Mußte nicht derjenige, der die Wesenheit des Ewigen durchschaute, an der Ewigkeit solcher Götter irre werden! Wie sollte der Zeus der Volksvorstellung ein ewiger sein, da er die Eigenschaften eines vergänglichen Wesens an sich trug? – Eines war den Mysten klar: Zu seiner Vorstellung von den Göttern kommt der Mensch auf andere Art als zu der Vorstellung anderer Dinge. Ein Ding der Außenwelt zwingt mich, mir eine ganz bestimmte Vorstellung von ihm zu machen. Dieser Art gegenüber hat die Bildung der Göttervorstellungen etwas Freies, ja Willkürliches. Der Zwang der Außenwelt fehlt. Das Nachdenken lehrt uns, daß wir mit den Göttern etwas vorstellen, für das es keine äußere Kontrolle gibt. Das versetzt den Menschen in eine logische Unsicherheit. Er fängt an, sich selbst als den Schöpfer seiner Götter zu fühlen. Ja, er frägt sich: Wie komme ich dazu, in meiner Vorstellungswelt über die physische Wirklichkeit hinauszugehen? Solchen Gedanken mußte der Myste sich hingeben. Da lagen für ihn berechtigte Zweifel. Man sehe sich, so mochte er denken, nur alle Göttervorstellungen an. Gleichen sie nicht den Geschöpfen, die man in der Sinneswelt antrifft? Hat sich sie der Mensch nicht geschaffen, indem er diese oder jene Eigenschaften von dem Wesen der Sinneswelt weggedacht oder hinzugedacht hat? Der Unkultivierte, der die Jagd liebt, schafft sich einen Himmel, in dem die herrlichsten Götterjagden abgehalten werden. Und der Grieche versetzt in seinen Olymp Götterpersönlichkeiten, zu denen die Vorbilder in der wohlbekannten griechischen Wirklichkeit waren.

Mit rauher Logik hat der Philosoph Xenophanes (575 bis 480) auf diese Tatsache hingewiesen. Wir wissen, daß die älteren griechischen Philosophen durchaus von der Mysterienweisheit abhängig waren. Von Heraklit ausgehend, soll das noch im besonderen bewiesen werden. Deshalb darf, was Xenophanes sagt, ohne weiteres als Mystenüberzeugung genommen werden. Es heißt:

> Menschen, die denken die Götter nach ihrem Bilde geschaffen,
> Ihre Sinne sollen sie haben und Stimme und Körper.
> Aber wenn Hände besäßen die Rinder oder die Löwen,
> Um mit den Händen zu malen und Arbeit zu tun wie die Menschen
> Würden der Götter Gestalten sie malen und bilden die Leiber
> So, wie sie selber an Körper beschaffen wären ein jeder,
> Pferde den Pferden und Rinder den Rindern gleichende Götter.

Zum Zweifler an allem Göttlichen kann der Mensch werden durch solche Einsicht. Er kann die Götterdichtungen von sich weisen und nur als Wirklichkeit anerkennen, wozu ihn seine sinnlichen Wahrnehmungen zwingen. Aber zu einem solchen Zweifler wurde der Myste nicht. Er sah ein, daß dieser Zweifler einer Pflanze gleicht, die sich sagte: Meine farbige Blume ist null und eitel; denn abgeschlossen bin ich mit meinen grünen Blättern; was ich zu ihnen hinzufüge, vermehrt sie nur um einen trügerischen Schein. – Aber ebensowenig konnte der Myste bei also geschaffenen Göttern, bei den Volksgöttern, stehenbleiben. Könnte die Pflanze denken, so würde sie einsehen, daß die Kräfte, welche die grünen Blätter geschaffen haben, auch bestimmt sind, die farbige Blume zu schaffen. Aber sie würde nicht ruhen, diese Kräfte selbst zu erforschen, um sie zu schauen. Und so hielt es der Myste mit den Volksgöttern. Er leugnete sie nicht, er erklärte sie nicht für eitel; aber er wußte, daß vom Menschen sie geschaffen sind. Dieselben Naturkräfte, dasselbe göttliche Element, die in der Natur schaffen, schaffen auch im Mysten. Und in ihm erzeugen sie Göttervorstellungen. Er will diese götterschaffende Kraft schauen. Sie gleicht nicht den Volksgöttern; sie ist ein Höheres. Auch darauf deutet Xenophanes:

> Ein Gott ist unter Göttern der größte und unter den Menschen,
> Weder in Körper den Sterblichen ähnlich noch gar an Gedanken.

Dieser Gott war auch der Gott der Mysterien. Einen «verborgenen Gott» konnte man ihn nennen. Denn nirgends – so stellte man sich vor – ist er für den bloß sinnlichen Menschen zu finden. Wende deine Blicke hinaus auf die Dinge; du findest kein Göttliches. Strenge deinen Verstand an; du magst einsehen, nach welchen Gesetzen die Dinge entstehen und vergehen; aber auch dein Verstand weist dir kein Göttliches. Durchtränke deine Phantasie mit religiösem Gefühl; du kannst die Bilder von Wesen schaffen, die du für Götter halten magst, doch dein Verstand zerpflückt sie dir, denn er weist dir nach, daß du sie selbst geschaffen und dazu den Stoff aus der Sinnenwelt entlehnt hast. Sofern du als *verständiger* Mensch die Dinge um dich herum betrachtest, mußt du Gottesleugner sein. Denn Gott ist nicht für deine Sinne und für deinen Verstand, der dir die sinnlichen Wahrnehmungen erklärt. Gott ist eben in der Welt verzaubert. Und du brauchst seine eigene Kraft, um ihn zu finden. Diese Kraft mußt du in dir erwecken. Das sind die Lehren, die ein alter Einzuweihender empfing. Und nun begann für ihn das große Weltendrama, in das er lebendig verschlungen wurde. In nichts Geringerem bestand dieses Drama als in der Erlösung des verzauberten Gottes. Wo ist Gott? Das war die Frage, die dem Mysten sich vor die Seele stellte. Gott ist nicht, aber die Natur ist. In der Natur muß er gefunden werden. In ihr hat er sein Zaubergrab gefunden. In einem höheren Sinne faßt der Myste die Worte: Gott ist die Liebe. Denn Gott hat diese Liebe bis zum äußersten gebracht. Er hat *sich* selbst in unendlicher Liebe hingegeben; er hat sich ausgegossen; er hat sich in die Mannigfaltigkeit der Naturdinge zerstückelt; sie leben, und er lebt nicht in ihnen. Er ruht in ihnen. Er lebt im Menschen. Und der Mensch kann das Leben des Gottes in sich erfahren. Soll er ihn in die Erkenntnis kommen lassen, muß er diese Erkenntnis schaffend erlösen. – Der Mensch blickt nun in sich. Als verborgene Schöpferkraft, noch Daseinlos, wirkt das Göttliche in seiner Seele. In dieser Seele ist eine Stätte, in der das verzauberte Göttliche wieder aufleben kann. Die Seele ist die Mutter, die das Göttliche aus der Natur empfangen kann. Lasse die Seele von der Natur sich befruchten, so wird sie ein Göttliches gebären. Aus der Ehe der Seele mit der Natur wird es geboren. Das ist nun kein «verborgenes» Göttliches mehr, das ist ein offenbares. Es hat Leben, wahrnehmbares Leben, das unter den Menschen wandelt. Er ist der entzauberte Geist im Menschen, der Sproß des verzauberten Göttlichen. Der große Gott, der war, ist und sein wird, der ist er wohl nicht; aber er kann doch in gewissem Sinne als dessen Offenbarung genommen werden. Der *Vater* bleibt ruhig im Verborgenen; dem Menschen ist der *Sohn* aus der eigenen Seele geboren. Die mystische Erkenntnis ist damit ein wirklicher Vorgang im Weltprozesse. Sie ist eine Geburt eines Gottessprossen. Sie ist ein Vorgang, so wirklich wie ein anderer Naturvorgang, nur auf einer höheren Stufe. Das ist das große Geheimnis des Mysten, daß er selbst seinen Gottessprossen schaffend erlöst, daß er sich zuvor aber vorbereitet, um diesen von ihm geschaffenen Gottessprossen auch anzuerkennen. Dem Nicht-Mysten fehlt die Empfindung von dem Vater dieses Sprossen. Denn dieser Vater ruht in Verzauberung. Jungfräulich geboren scheint der Sproß. Die Seele scheint unbefruchtet ihn geboren zu haben. Alle ihre anderen Geburten sind von der Sinnenwelt empfangen. Man sieht und tastet hier den Vater. Er hat sinnliches Leben. Der Gottes-Sproß allein ist von dem ewigen, verborgenen Vater-Gott selbst empfangen.

DIE GRIECHISCHEN WEISEN VOR PLATO IM LICHTE DER MYSTERIENWEISHEIT

Durch zahlreiche Tatsachen erkennen wir, daß die philosophische Weisheit der Griechen auf demselben Gesinnungsboden stand wie die mystische Erkenntnis. Die großen Philosophen versteht man nur, wenn man an sie mit den Empfindungen herantritt, die man aus der Beobachtung der Mysterien gewonnen hat. Mit welcher Ehrerbietung spricht doch Plato im «Phädon» von den «Geheimlehren»: «Und fast scheint es, daß diejenigen, welche uns die Weihen angeordnet haben, gar nicht schlechte Leute sind, sondern schon seit langer Zeit uns andeuten, daß, wer ungeweiht und ungeheiligt in der Unterwelt anlangt, in den Schlamm zu liegen kommt; der Gereinigte aber, und der Geweihte, wenn er dort angelangt ist, bei den Göttern wohnt. Denn, sagen die, welche mit den Weihen zu tun haben, Thyrsusträger sind viele, doch echte Begeisterte nur wenig. Diese aber sind, nach meiner Meinung, keine anderen, als die sich *auf rechte Weise* der Weisheit beflissen haben, deren einer zu werden auch ich nach Kräften im Leben nicht versäumt, sondern mich auf alle Weise bemüht habe.» – So kann über die Weihen nur der sprechen, der sein Weisheitsstreben selbst ganz in den Dienst der Gesinnung stellte, die durch die Weihen erzeugt wurde. Und es ist ohne Zweifel, daß auf die Worte der großen griechischen Philosophen ein helles Licht fällt, wenn wir sie von den Mysterien aus beleuchten.

Von Heraklit (535–475) aus Ephesus ist die Beziehung zu dem Mysterienwesen ohne weiteres durch einen Ausspruch über ihn gegeben, der überliefert ist und der besagt, daß seine Gedanken «ein ungangbarer Pfad seien», daß wer zu ihnen ohne Weihe tritt, nur «Dunkel und Finsternis» finde, daß sie dagegen «heller als die Sonne» seien für den, welchen ein Myste einführt. Und wenn von seinem Buche gesagt wird, er habe es im Tempel der Artemis niedergelegt, so bedeutet auch das nichts anderes, als daß er von Eingeweihten allein verstanden werden konnte. (Edm. Pfleiderer hat bereits das Historische beigebracht, welches für das Verhältnis des Heraklit zu den Mysterien zu sagen ist. Vgl. sein Buch: «Die Philosophie des Heraklit von Ephesus im Lichte der Mysterienidee», Berlin 1886.) Heraklit wurde der «Dunkle» genannt; aus dem Grunde, weil nur der Schlüssel der Mysterien Licht in seine Anschauungen brachte.

Als eine Persönlichkeit mit dem größten Lebensernst tritt uns Heraklit entgegen. Man sieht es förmlich seinen Zügen, wenn man sich sie zu vergegenwärtigen weiß, an, daß er Intimitäten der Erkenntnis in sich trug, von denen er wußte, daß alle Worte sie nur andeuten, nicht aussprechen können. Auf dem Grunde einer solchen Gesinnung erwuchs sein berühmter Ausspruch «Alles ist im Fluß», den uns Plutarch mit den Worten erklärt: «In denselben Fluß steigt man nicht zweimal, noch kann man ein sterbliches Sein zweimal berühren. Sondern durch Schärfe und Schnelligkeit zerstreut er und führt wieder zusammen, vielmehr nicht wieder und später, sondern zugleich tritt es zusammen und läßt nach, kommt und geht.» Der Mann, der solches denkt, hat die Natur der vergänglichen Dinge durchschaut. Denn er hat sich gedrängt gefühlt, das Wesen der Vergänglichkeit selbst mit den schärfsten Worten zu charakterisieren. Man kann eine solche Charakteristik nicht geben, wenn man die Vergänglichkeit nicht an der Ewigkeit mißt. Und man kann diese Charakteristik insbesondere nicht auf den Menschen ausdehnen, wenn man nicht in sein Inneres geschaut hat. Heraklit hat diese Charakteristik auch auf den Menschen ausgedehnt: «Dasselbe ist Leben und Tod, Wachen und Schlafen, Jung und Alt, dieses sich ändernd ist jenes, jenes wieder dies.» In diesem Satze spricht sich eine volle Erkenntnis von der Scheinhaftigkeit der niederen Persönlichkeit aus. Er sagt darüber noch kräftiger: «Leben und Tod ist in unserem *Leben* ebenso wie in unserem *Sterben.*» Was will das anderes besagen, als daß allein vom Standpunkte der Vergänglichkeit aus das Leben höher gewertet werden kann als das Sterben. Das Sterben ist *Vergehen,* um neuem *Leben* Platz zu machen; aber in dem neuen Leben lebt das Ewige wie in dem alten. Das gleiche Ewige erscheint im vergänglichen Leben wie im Sterben. Hat der Mensch dieses Ewige ergriffen, dann blickt er mit demselben Gefühle auf das Sterben wie auf das Leben. Nur wenn er dieses Ewige nicht in sich zu wecken vermag, hat das Leben für ihn einen besonderen Wert. Man kann den Satz «Alles ist im Fluß» tausendmal hersagen; wenn man ihn nicht mit diesem Gefühlsinhalt sagt, ist er ein Nichtiges. Wertlos ist die Erkenntnis von dem ewigen Werden, wenn sie nicht unser Hängen an diesem Werden aufhebt. Es ist die Abkehrung von der nach dem Vergänglichen drängenden Lebenslust, die Heraklit mit seinem Ausspruche meint. «Wie sollen wir von unserem Tagesleben sagen: ‹Wir sind›, da wir doch, vom Standpunkt des Ewigen aus, wissen: ‹Wir sind und sind nicht›» (vgl. Heraklit-Fragment Nr. 81). «Hades und Dionysos sind derselbe» heißt eines der

Heraklitischen Fragmente. Dionysos, der Gott der Lebenslust, des Keimens und Wachsens, dem die dionysischen Feste gefeiert wurden: er ist, für Heraklit, derselbe wie Hades, der Gott der Vernichtung, der Gott der Zerstörung. Nur wer den Tod im Leben und das Leben im Tode sieht und in beiden das Ewige, das erhaben ist über Leben und Tod, dessen Blick kann die Mängel und Vorzüge des Daseins im rechten Lichte schauen. Auch die Mängel finden dann ihre Rechtfertigung, denn auch in ihnen lebt das Ewige. Was sie vom Standpunkte des beschränkten, niederen Lebens sind, das sind sie nur scheinbar: «Den Menschen ist nicht besser zu werden, was sie wollen: Krankheit macht Gesundheit süß und gut, Hunger Sättigung, Arbeit Ruhe.» «Das Meer ist das reinste und unreinste Wasser, den Fischen trinkbar und heilsam, den Menschen untrinkbar und verderblich.» Nicht auf die Vergänglichkeit der irdischen Dinge will Heraklit in erster Linie hinweisen, sondern auf den Glanz und die Hoheit des Ewigen. – Heftige Worte sprach Heraklit gegen Homer und Hesiod und gegen die Gelehrten des Tages. Er wollte auf die Art ihres Denkens, das nur am Vergänglichen haftet, weisen. Er wollte nicht Götter, mit Eigenschaften ausgestattet, die aus der vergänglichen Welt genommen sind. Und er konnte nicht eine Wissenschaft als die höchste achten, welche die Gesetze des Werdens und Vergehens der Dinge untersucht. – Für ihn spricht aus der Vergänglichkeit heraus ein Ewiges. Für dieses Ewige hat er ein tiefsinniges Symbol. «In sich zurückkehrend ist die Harmonie der Welt wie der Lyra und des Bogens.» Was alles liegt in diesem Bilde. Durch Auseinanderstreben der Kräfte und Harmonisieren der auseinandergehenden Mächte wird die Einheit erreicht.

Wie widerspricht ein Ton dem andern; und doch, wie bewirkt er mit ihm zusammen die Harmonie. Man wende das auf die Geisteswelt an; und man hat Heraklits Gedanken: «Unsterbliche sind sterblich, Sterbliche unsterblich, lebend den Tod von jenen, sterbend das Leben von jenen.»

Es ist die *Urschuld* des Menschen, wenn er am Vergänglichen mit seiner Erkenntnis haftet. Er wendet sich damit vom Ewigen ab. Das Leben wird dadurch seine Gefahr. Was ihm geschieht, geschieht ihm vom Leben. Aber dieses Geschehen verliert seinen Stachel, wenn er das Leben nicht mehr unbedingt wertet. Dann wird ihm seine Unschuld wieder zurückgegeben. Es geht ihm, wie wenn er in die Kindheit zurückkehren könnte, aus dem sogenannten Ernst des Lebens heraus. Was nimmt der Erwachsene alles ernst, womit das Kind spielt. Der Wissende aber wird wie das Kind. «Ernste» Werte verlieren ihren Wert, vom Ewigkeitsstandpunkte aus gesehen. Wie ein *Spiel* erscheint das Leben dann. «Die Ewigkeit», sagt deshalb Heraklit, «ist ein spielendes Kind, die Herrschaft eines Kindes.» Worin liegt die Urschuld? Sie liegt darin, daß mit höchstem Ernste genommen wird, woran sich dieser Ernst nicht heften sollte. Gott hat sich in die Welt der Dinge ergossen. Wer die Dinge ohne Gott hinnimmt, nimmt sie als «Gräber Gottes» ernst. Er müßte mit ihnen spielen wie ein Kind, aber seinen Ernst dazu verwenden, um aus ihnen das Göttliche zu holen, das in ihnen verzaubert schläft.

Brennend, ja versengend wirkt das Anschauen des Ewigen auf das gewöhnliche *Wähnen* über die Dinge. Der Geist löst die Gedanken der Sinnlichkeit auf; er bringt sie zum Schmelzen. Er ist ein verzehrendes *Feuer.* Dies ist der höhere Sinn des Heraklitischen Gedankens, daß *Feuer* der Urstoff aller Dinge sei. Gewiß ist dieser Gedanke zunächst im Sinne einer gewöhnlichen physikalischen Erklärung der Welterscheinungen zu nehmen. Aber niemand versteht Heraklit, der nicht denkt über ihn, wie Philo, der zur Zeit der Entstehung des Christentums lebte, über die Gesetze der Bibel gedacht hat. «Es gibt Leute», sagte er, «welche die geschriebenen Gesetze *nur* für Sinnbilder geistiger Lehren halten, letztere mit Sorgfalt aufsuchen, erstere aber verachten; solche kann ich nur tadeln, denn sie sollten auf *beides* bedacht sein: auf Erkenntnis des verborgenen Sinnes und auf Beobachtung des offenen.» – Wenn man sich darüber streitet, ob Heraklit mit seinem Begriffe des Feuers das sinnliche Feuer gemeint habe oder aber ob ihm das Feuer nur ein Symbol des die Dinge auflösenden und wieder bildenden ewigen Geistes gewesen sei, so verkehrt man seinen Gedanken. Er hat beides gemeint; und auch keines von beiden. Denn für ihn lebte auch im gewöhnlichen Feuer der Geist. Und die Kraft, die im Feuer auf physische Art tätig ist, lebt auf höherer Stufe in der Menschenseele, die in ihren Schmelztiegeln die sinnenfällige Erkenntnis zerschmilzt und aus ihr das Anschauen des Ewigen hervorgehen läßt.

Gerade Heraklit kann leicht mißverstanden werden. Er läßt den *Krieg* den Vater der *Dinge* sein. Aber dieser ist ihm eben nur der Vater der «Dinge», nicht des Ewigen. Wären nicht Gegensätze in der Welt, lebten nicht die mannigfaltigsten einander widerstreitenden Interessen, so wäre die Welt des Werdens, der Vergänglichkeit nicht. Aber was sich in diesem Widerstreit offenbart, was in ihn ausgegossen ist: das ist nicht der Krieg, das ist die *Har-*

monie. Eben weil Krieg in allen Dingen ist, soll der Geist des Weisen wie das Feuer über die Dinge hinziehen und sie in Harmonie wandeln. Aus diesem Punkte heraus leuchtet ein großer Gedanke der Heraklitischen Weisheit. Was ist der Mensch als persönliches Wesen? Diese Frage erhält für Heraklit von diesem Punkte aus die Antwort. Aus den widerstreitenden Elementen, in welche die Gottheit sich ergossen hat, ist der Mensch gemischt. So findet er sich. Darüber wird er in sich den Geist gewahr. Den Geist, der aus dem Ewigen stammt. Dieser Geist aber wird für ihn selbst aus dem Widerstreit der Elemente heraus geboren. Aber dieser Geist soll auch die Elemente beruhigen. Im Menschen schafft die Natur über sich selbst hinaus. Es ist ja dieselbe All-Eine Kraft, die den Widerstreit, die Mischung erzeugt hat; und die weisheitsvoll diesen Widerstreit wieder beseitigen soll. Da haben wir die ewige Zweiheit, die im Menschen lebt; seinen ewigen Gegensatz zwischen Zeitlichem und Ewigem. Er ist durch das Ewige etwas ganz Bestimmtes geworden; und er soll aus diesem Bestimmten heraus ein Höheres schaffen. Er ist abhängig und unabhängig. An dem ewigen Geiste, den er schaut, kann er doch nur teilnehmen nach Maßgabe der Mischung, die der ewige Geist in ihm gewirkt hat. Und gerade deshalb ist er berufen, aus dem Zeitlichen das Ewige zu gestalten. Der Geist wirkt in ihm. Aber er wirkt in ihm auf besondere Weise. Er wirkt aus dem Zeitlichen heraus. Daß ein Zeitliches wie ein Ewiges wirkt, daß es treibt und kraftet wie ein Ewiges: das ist das Eigentümliche der Menschenseele. Das macht, daß diese einem Gotte und einem Wurme zugleich ähnlich ist. Zwischen Gott und Tier steht der Mensch dadurch mitten inne. Dies Treibende und

Kraftende in ihm ist sein Dämonisches. Es ist das, was in ihm aus ihm hinausstrebt. Schlagend hat Heraklit auf diese Tatsache hingewiesen: «Des Menschen Dämon ist sein Schicksal.» (Dämon ist hier im griechischen Sinn gemeint. Im modernen Sinne müßte man sagen: Geist.) So erweitert sich für Heraklit das, was im Menschen lebt, weit über das Persönliche hinaus. Dieses Persönliche ist der Träger eines Dämonischen. Eines Dämonischen, das nicht in die Grenzen der Persönlichkeit eingeschlossen ist, für welches Sterben und Geborenwerden des Persönlichen keine Bedeutung haben. Was hat dieses Dämonische mit dem zu tun, was als Persönlichkeit entsteht und vergeht? Eine Erscheinungsform nur ist das Persönliche für das Dämonische. Nach vorwärts und rückwärts blickt der Träger solcher Erkenntnis über sich selbst hinaus. Daß er Dämonisches in sich erlebt, ist ihm Zeugnis für die Ewigkeit seiner selbst. Und er darf jetzt nicht mehr diesem Dämonischen den einzigen Beruf zuschreiben, seine Persönlichkeit auszufüllen. Denn nur *eine* von diesen Erscheinungsformen des Dämonischen kann das Persönliche sein. Der Dämon *kann* sich nicht innerhalb *einer* Persönlichkeit abschließen. Er hat Kraft, viele Persönlichkeiten zu beleben. Von Persönlichkeit zu Persönlichkeit vermag er sich zu wandeln. Der große Gedanke der Wiederverkörperung springt wie etwas Selbstverständliches aus den Heraklitischen Voraussetzungen. Aber nicht allein der Gedanke, sondern die *Erfahrung* von dieser Wiederverkörperung. Der Gedanke bereitet nur für diese Erfahrung vor. Wer das Dämonische in sich gewahr wird, findet es nicht als ein unschuldvolles, erstes vor. Er findet es mit Eigenschaften. Wodurch hat es diese? Warum habe ich Anlagen?

Weil an meinem Dämon schon andere Persönlichkeiten gearbeitet haben. Und was wird aus dem, was ich an dem Dämon wirke, wenn ich nicht annehmen darf, daß dessen Aufgaben in meiner Persönlichkeit erschöpft sind? Ich arbeite für eine spätere Persönlichkeit vor. Zwischen mich und die Welteinheit schiebt sich etwas, was über mich hinausreicht, aber noch nicht dasselbe ist wie die Gottheit. Mein Dämon schiebt sich dazwischen. Wie mein Heute nur das Ergebnis von Gestern ist, mein Morgen nur das Ergebnis meines Heute sein wird: so ist mein Leben Folge eines andern; und es wird Grund sein für ein anderes. Wie auf zahlreiche Gestern rückwärts und auf zahlreiche Morgen vorwärts der irdische Mensch, so blickt die Seele des Weisen auf zahlreiche Leben in der Vergangenheit und zahlreiche Leben in der Zukunft. Was ich gestern erworben habe, an Gedanken, an Fertigkeiten, das benütze ich heute. Ist es nicht so mit dem Leben? Betreten die Menschen nicht mit den verschiedensten Fähigkeiten den Horizont des Daseins? Woher rührt die Verschiedenheit? Kommt sie aus dem Nichts? – Unsere Naturwissenschaft tut sich viel darauf zugute, daß sie das Wunder aus dem Gebiete unserer Anschauungen vom organischen Leben verbannt hat. David Friedrich Strauß (vgl. «Alter und neuer Glaube») bezeichnet es als große Errungenschaft der Neuzeit, daß wir ein vollkommenes organisches Geschöpf nicht mehr durch ein Wunder aus dem Nichts heraus geschaffen denken. Wir begreifen die Vollkommenheit, wenn wir sie durch Entwicklung aus dem Unvollkommenen erklären können. Der Bau des Affen ist kein Wunder mehr, wenn wir Urfische als Vorläufer des Affen annehmen dürfen, die sich allmählich gewandelt haben. Bequemen wir uns doch, für den Geist als billig hinzunehmen, was uns der Natur gegenüber als recht erscheint. Soll der vollkommene Geist ebensolche Voraussetzungen haben wie der unvollkommene? Soll Goethe die gleichen Bedingungen haben wie ein beliebiger Hottentotte? So wenig wie ein Fisch die gleichen Voraussetzungen hat wie ein Affe, so wenig hat der Goethesche Geist dieselben geistigen Vorbedingungen wie der des Wilden. Die geistige Ahnenschaft des Goetheschen Geistes ist eine andere als die des wilden Geistes. *Geworden* ist der Geist wie der Leib. Der Geist in Goethe hat mehr Vorfahren als der in dem Wilden. Man nehme die Lehre von der Wiederverkörperung in diesem Sinne. Man wird sie dann nicht mehr «unwissenschaftlich» finden. Aber man wird in der rechten Weise deuten, was man in der Seele findet. Man wird das Gegebene nicht als Wunder hinnehmen. Daß ich schreiben kann, verdanke ich der Tatsache, daß ich es gelernt habe. Niemand kann sich hinsetzen und schreiben, der nie vorher die Feder in der Hand gehabt hat. Aber einen «genialen Blick» soll der eine oder der andere haben auf bloß wunderbare Weise. Nein, auch dieser «geniale Blick» muß erworben sein: er muß gelernt sein. Und tritt er in einer Persönlichkeit auf, so nennen wir ihn ein Geistiges. Aber dieses Geistige hat eben auch erst gelernt; es hat sich in einem früheren Leben erworben, was es in einem späteren «kann».

So, und *nur* so, schwebte dem Heraklit und anderen griechischen Weisen der Ewigkeitsgedanke vor. Von einer Fortdauer der unmittelbaren Persönlichkeit war bei ihnen nie die Rede. Man vergleiche eine Rede des Empedokles (490–430 v. Chr.). Er sagt von denen, die das Gegebene nur als Wunder hinnehmen:

«Törichte sind's, denn sie reichen nicht weit mit ihren Gedanken,
Die da wähnen, es könne Zuvor-nicht-Seiendes werden,
Oder auch etwas ganz hinsterben und völlig verschwinden.
Aus Nicht-Seiendem ist durchaus ein Entstehen nicht möglich;
Ganz unmöglich auch ist, daß Seiendes völlig vergehe;
Denn stets bleibt es ja, wohin man es eben verdränget.
Nimmer wohl wird, wer darin belehrt ist, solches vermeinen,
Daß nur so lange sie leben, was man nun Leben benennet,
Nur solange sie sind, und Leiden empfangen und Freuden,
Doch, eh' Menschen sie wurden und wann sie gestorben, sie nichts sind.»

Der griechische Weise warf die Frage gar nicht auf: ob es ein Ewiges im Menschen gebe; sondern allein die, worinnen dieses Ewige besteht und wie es der Mensch in sich hegen und pflegen kann. Denn von vornherein war es für ihn klar, daß der Mensch als Mittelgeschöpf zwischen Irdischem und Göttlichem lebt. Von einem Göttlichen, das außer und jenseits des Weltlichen ist, war da nicht die Rede. Das Göttliche lebt in dem Menschen; es lebt eben da nur auf menschliche Weise. Es ist die Kraft, die den Menschen treibt, sich selbst immer göttlicher und göttlicher zu machen. Nur wer so denkt, kann reden wie Empedokles:

Wenn du den Leib verlassend, dich zum freien Äther schwingst,
Wirst ein unsterblicher Gott du sein, dem Tode entronnen. –

Was kann unter solchem Gesichtspunkt für ein Menschenleben geschehen? Es kann in die magische Kreisordnung des Ewigen eingeweiht werden. Denn in ihm müssen Kräfte liegen, die das bloß natürliche Leben nicht zur Entwicklung bringt. Und dieses Leben könnte ungenützt vorübergehen, wenn diese Kräfte brach liegen blieben. Sie zu erschließen, den Menschen dadurch dem Göttlichen anzuähnlichen: das war die Aufgabe der Mysterien. Und das stellten sich auch die griechischen Weisen zur Aufgabe. So verstehen wir Platos Ausspruch, daß «wer ungeweiht und ungeheiligt in der Unterwelt angelangt, in den Schlamm zu liegen kommt, der Gereinigte und Geweihte aber, wenn er dort angelangt ist, bei den Göttern wohnt». Man hat es da mit einem Unsterblichkeitsgedanken zu tun, dessen Bedeutung *innerhalb* des Weltganzen beschlossen liegt. Alles, was der Mensch unternimmt, um in sich das Ewige zu erwecken, tut er, um den Daseinswert der Welt zu erhöhen. Er ist als ein Erkennender nicht ein müßiger Zuschauer des Weltganzen, der sich Bilder von dem macht, was auch ohne ihn da wäre. Seine Erkenntniskraft ist eine höhere, eine schaffende Naturkraft. Was in ihm geistig aufblitzt, ist ein Göttliches, das vorher verzaubert war und das ohne seine Erkenntnis brach liegen bliebe und auf einen anderen Entzauberer warten müßte. So lebt die menschliche Persönlichkeit nicht in sich und für sich; sie lebt für die Welt. Das Leben erweitert sich über das Einzeldasein weit hinaus, wenn es so angeschaut wird. Innerhalb solcher Anschauung begreift man Sätze wie den Pindarschen, der den Ausblick ins Ewige gibt: «Selig, wer jene geschaut hat und dann unter die hohle Erde hinabsteigt; er kennt des Lebens Ende, er kennt den von Zeus verheißenen Anfang.»

Man versteht die stolzen Züge und die einsame Art solcher Weisen, wie Heraklit einer war. Stolz konnten sie von sich sagen, daß ihnen vieles offenbar; denn sie schrieben ihr Wissen gar nicht ihrer vergänglichen Persönlichkeit zu, sondern dem ewigen Dämon in ihnen. Ihr Stolz hatte als notwendige Beigabe eben den Stempel der Demut und Bescheidenheit, welche die Worte ausdrücken:

Alles Wissen über vergängliche Dinge ist in ewigem Flusse wie diese vergänglichen Dinge selbst. Ein Spiel nennt Heraklit die ewige Welt; er könnte sie auch den höchsten Ernst nennen. Aber das Wort Ernst ist verbraucht durch seine Anwendung auf irdische Erlebnisse. Das Spiel des Ewigen beläßt in dem Menschen die Lebenssicherheit, die ihm der Ernst benimmt, der aus dem Vergänglichen entsprossen ist.

Eine andere Form der Weltanschauung als die des Heraklit ist auf der Grundlage des Mysterienwesens innerhalb der von Pythagoras im sechsten Jahrhundert v. Chr. in Unteritalien gestifteten Gemeinschaft erwachsen. Die Pythagoreer sahen in den Zahlen und Figuren, deren Gesetze sie durch die Mathematik erforschten, den Grund der Dinge. Aristoteles erzählt von ihnen: «Sie führten zuerst die Mathematik fort, und indem sie ganz darin aufgingen, hielten sie die Anfänge in ihr auch für die Anfänge aller Dinge. Da nun in dem Mathematischen die Zahlen von Natur das erste sind, und sie in den Zahlen viel Ähnliches mit den Dingen und dem Werdenden zu sehen glaubten, und zwar in den Zahlen mehr als in dem Feuer, der Erde und dem Wasser, so galt ihnen eine Eigenschaft der Zahlen als die Gerechtigkeit, eine andere als die Seele und der Geist, wieder eine andere als die Zeit, und so fort für alles übrige. Sie fanden ferner in den Zahlen die Eigenschaften und die Verhältnisse der Harmonie, und so schien alles andere, seiner ganzen Natur nach, Abbild der Zahlen und die Zahlen das erste in der Natur zu sein.» – Auf einen gewissen Pythagoreismus muß die mathematisch-wissenschaftliche Betrachtung der Naturerscheinungen immer führen. Wenn eine Saite von bestimmter Länge angeschlagen wird, so entsteht ein gewisser Ton. Wird die Saite in bestimmten *Zahlen*verhältnissen verkürzt, so entstehen immer andere Töne. Man kann die Tonhöhen durch Zahlenverhältnisse ausdrücken. Die Physik drückt auch die Farbenverhältnisse durch Zahlen aus. Wenn sich zwei Körper zu einem Stoffe verbinden, so geschieht es immer so, daß sich eine ganz bestimmte durch Zahlen ein für allemal ausdrückbare Menge des einen Stoffes mit einer ebensolchen des anderen Stoffes verbindet. Auf solche Ordnungen nach Maß und Zahl in der Natur war der Beobachtungssinn der Pythagoreer gelenkt. Auch die geometrischen Figuren spielen eine ähnliche Rolle in der Natur. Die Astronomie z. B. ist eine auf die Himmelskörper angewandte Mathematik. Was für das Vorstellungsleben der Pythagoreer wichtig wurde, das ist die Tatsache, daß der Mensch ganz für sich allein, bloß durch seine geistigen Operationen die Gesetze der Zahlen und Figuren erforscht; und daß doch, wenn er dann in die Natur hinausblickt, die Dinge den Gesetzen folgen, die er für sich, in seiner Seele festgestellt hat. Der Mensch bildet für sich den Begriff einer Ellipse aus; er stellt die Gesetze der Ellipse fest. Und die Himmelskörper bewegen sich im Sinne der Gesetze, die er festgesetzt hat. (Es kommt hier natürlich nicht auf die astronomischen Anschauungen der Pythagoreer an. Was von den ihrigen gesagt werden kann, kann auch von den Kopernikanischen in der hier in Betracht kommenden Beziehung gesagt werden.) Daraus folgt ja unmittelbar, daß die Verrichtungen der Menschenseele nicht ein Treiben sind abseits von der übrigen Welt, sondern daß in diesen Verrichtungen sich das ausspricht, was als gesetzmäßige Ordnung die Welt durchzieht. Der Pythagoreer sagte sich: Die

Sinne zeigen dem Menschen die sinnlichen Erscheinungen. Aber sie zeigen nicht die harmonischen Ordnungen, denen die Dinge folgen: Diese harmonischen Ordnungen muß vielmehr der Menschengeist erst in sich finden, wenn er sie außen in der Welt schauen will. Der tiefere Sinn der Welt, das was in ihr als ewige, gesetzmäßige Notwendigkeit waltet: das kommt in der Menschenseele zum Vorschein, das wird in ihr gegenwärtige Wirklichkeit. In der Seele *geht der Sinn der Welt auf.* Nicht in dem, was man sieht, hört und tastet, liegt dieser Sinn, sondern in dem, was die Seele aus ihren tiefen Schachten zutage fördert. Die ewigen Ordnungen sind also in den Tiefen der Seele geborgen. Man steige hinunter in die Seele: und man wird das Ewige finden. Gott, die ewige Weltharmonie, ist in der Menschenseele. Nicht auf die Körperlichkeit, die in des Menschen Haut eingeschlossen ist, ist das Seelische beschränkt. Denn was in der Seele geboren wird, das sind die Ordnungen, nach denen die Welten im Himmelsraum kreisen. Die Seele ist nicht in der Persönlichkeit. Die Persönlichkeit gibt bloß das Organ ab, durch welches das, was als Ordnung den Weltenraum durchzieht, sich aussprechen kann. Es steckt etwas von dem Geist des Pythagoras in dem, was der Kirchenvater *Gregorius von Nissa* gesagt hat: «Allein etwas Kleines, sagt man, Begrenztes ist die menschliche Natur, unendlich aber die Gottheit, und wie wohl ist durch das Winzige das Unendliche umfaßt worden? Und wer sagt das, daß in der Umgrenzung des Fleisches wie in einem Gefäße die Unendlichkeit der Gottheit eingefaßt war? Denn nicht einmal in unserem Leben wird innerhalb der Grenzen des Fleisches die geistige Natur eingeschlossen; sondern die Masse des Körpers wird zwar durch die Nachbarteile begrenzt, die Seele aber breitet sich durch die Bewegungen des Denkens frei in der ganzen Schöpfung aus.» Die Seele ist nicht die Persönlichkeit. Die Seele gehört der Unendlichkeit an. So mußte es auch von solchem Gesichtspunkte aus für die Pythagoreer gelten, daß bloß «Törichte» wähnen können: mit der Persönlichkeit sei das Seelische erschöpft. – Auch für sie mußte es darauf ankommen, in dem Persönlichen das Ewige zu erwecken. Erkenntnis war ihnen Umgang mit dem Ewigen. Um so höher mußte ihnen der Mensch gelten, je mehr er dieses Ewige in sich zum Dasein bringt. In der Pflege des Umgangs mit dem Ewigen bestand das Leben in ihrer Gemeinschaft. Die Mitglieder dieser Gemeinschaft zu solchem Umgang zu führen, bildete die pythagoreische Erziehung. Eine philosophische Einweihung war also diese Erziehung. Und die Pythagoreer konnten wohl sagen, daß sie durch diese Lebenshaltung ein Gleiches anstrebten wie die Mysterienkulte. –

Was innerhalb des griechischen Geisteslebens die Mysterien bedeutet haben, das kann man an der Weltanschauung Platos sehen. Es gibt nur ein Mittel, ihn vollständig zu verstehen: Man muß ihn in die Beleuchtung rücken, die von den Mysterien ausstrahlt. Die späten Schüler des Plato, die Neuplatoniker, schreiben ihm ja auch eine Geheimlehre zu, an der er nur die Würdigen teilnehmen ließ, und zwar unter dem «Siegel der Verschwiegenheit». Als geheimnisvoll in dem Sinne, wie die Mysterienweisheit es war, wurde seine Lehre angesehen. Wenn der siebente der platonischen Briefe auch nicht von ihm selbst herrührt, was behauptet wird, so besagt das doch für den Zweck, der hier verfolgt wird, nichts: denn ob er oder ein anderer über die Gesinnung, die in dem Briefe zum Ausdrucke kommt, sich in dieser Weise ausspricht, das kann uns gleichgültig sein. Diese Gesinnung lag eben im Wesen seiner Weltanschauung. Es heißt in dem Briefe: «So viel kann ich über alle sagen, welche geschrieben haben und schreiben werden, als wüßten sie, worauf meine Bestrebung geht, mögen sie es nun von mir oder von andern gehört haben oder es selbst ersonnen haben, daß ihnen in nichts Glauben beizumessen ist. Von mir selbst gibt es keine Schrift über diese Gegenstände, noch dürfte eine solche erscheinen; derartiges läßt sich in keiner Weise wie andere Lehren in Worte fassen, sondern bedarf langer Beschäftigung mit dem Gegenstande und des Hineinlebens in denselben; dann aber ist es, als ob ein Funke hervorspränge und ein Licht in der Seele entzündete, das sich nun selbst erhält.» – Diese Worte könnten nur auf eine Ohnmacht im Gebrauch der Worte hindeuten, die nur eine persönliche Schwäche wäre, wenn man in ihnen nicht den Mysteriensinn finden könnte. Das, worüber Plato nicht geschrieben hat und nie schreiben wollte, muß etwas sein, dem gegenüber das Schreiben vergeblich ist. Es muß ein Gefühl, eine Empfindung, ein Erlebnis sein, das nicht durch augenblickliche Mitteilung, sondern durch «Hineinleben» erworben wird. Auf die intime Erziehung ist gedeutet, die Plato den Auserwählten zu geben vermochte. Für sie sprang dann Feuer aus seinen Reden; für die andern sprangen nur Gedanken heraus. – Es ist eben nicht gleichgültig, *wie* man an Platos Gespräche herantritt. Je nach der geistigen Verfassung, in der man ist, sind sie einem weniger oder mehr. *Von* Plato ging auf seine Schüler noch mehr über als der Wortsinn seiner Darlegungen. Da, wo er lehrte, lebten die Teilnehmer in Mysterienatmosphäre. Die Worte hatten Obertöne, die mitschwangen. Aber diese Obertöne brauchten eben die Mysterienatmosphäre. Sonst *verklangen* sie ungehört.

Im Mittelpunkt der platonischen Gesprächswelt steht die Persönlichkeit des Sokrates. Das Geschichtliche braucht hier nicht berührt zu werden. Auf den Charakter des Sokrates, wie er sich bei Plato findet, kommt es an. Sokrates ist eine durch den Tod für die Wahrheit geheiligte Person. Er ist gestorben, wie nur ein Eingeweihter sterben kann, dem der Tod nur ein Moment des Lebens ist wie andere. Er geht in den Tod wie zu einer anderen Begebenheit des Daseins. Er hatte sich so verhalten, daß selbst in seinen Freunden die Gefühle nicht erwachten, die sonst sich bei einer solchen Gelegenheit einzustellen pflegen. Phädon sagt das in dem «Gespräch über die Unsterblichkeit der Seele»: «Fürwahr, mir meinesteils war ganz sonderbar zu Mute dabei. Mich wandelte gar kein Mitleid an wie einen, der bei dem Tode eines vertrauten Freundes zugegen ist; so glückselig erschien mir der Mann in seinem Benehmen und in seinen Reden; so standhaft und edel endete er, daß ich vertraute, er ginge auch in die Unterwelt nicht ohne göttliche Sendung, sondern würde auch dort sich wohl befinden, wenn je einer sonst. Darum nun kam mich gar keine weichherzige Regung an, wie man doch denken sollte bei solchem Trauerfall, noch andrerseits fröhliche Stimmung wie sonst wohl bei philosophischen Beschäftigungen, obwohl unsere Unterredungen von dieser Art waren; sondern in einem wunderbaren Zustand befand ich mich und in einer ungewohnten Mischung von Lust und Betrübnis, wenn ich bedachte, daß dieser Mann nun gleich sterben würde.» Und der sterbende Sokrates belehrt seine Schüler über die Unsterblichkeit. Die Persönlichkeit, welche Erfahrung hat über den Unwert des Lebens, wirkt hier als ganz anderer Beweis denn alle Logik, alle Vernunftgründe. Es ist, als ob nicht ein Mensch spräche; denn dieser Mensch ist eben ein hinübergehender, sondern als ob die ewige Wahrheit selbst spräche, die in einer vergänglichen Persönlichkeit ihre Stätte aufgeschlagen hat. Wo ein Zeitliches sich in nichts auflöst, da scheint die Luft zu sein, in der das Ewige klingen mag.

Keine Beweise im logischen Sinne hören wir über die Unsterblichkeit. Das ganze Gespräch ist darauf gerichtet, die Freunde dahin zu führen, wo sie das Ewige erblicken. Dann bedarf es ja für sie keiner Beweise. Wie soll man dem noch beweisen müssen, daß die Rose rot ist, der sie sieht? Wie soll man dem noch beweisen müssen, daß der Geist ewig ist, dem man die Augen öffnet, auf daß er diesen Geist sehe. – Erfahrungen, Erlebnisse sind es, auf die Sokrates hinweist. Erst ist es das Erlebnis mit der Weisheit selbst. Was will der, welcher nach Weisheit trachtet? Er will sich frei machen von dem, was ihm die Sinne in der alltäglichen Beobachtung bieten. Er will den Geist in der Sinnenwelt suchen. Ist das nicht eine Tatsache, die sich mit dem Sterben vergleichen läßt? «Nämlich diejenigen – das ist des Sokrates Meinung –, die sich auf rechte Art mit Philosophie befassen, mögen wohl, ohne daß es freilich die anderen merken, nach gar nichts anderem streben, als zu sterben und tot zu sein. Ist nun dies wahr: so wäre es doch wohl sonderbar, wenn sie ihr ganzes Leben hindurch zwar sich um nichts anderes bemühten als darum; wenn es nun aber selbst käme, unwillig zu sein über das, wonach sie so lange gestrebt und sich bemüht haben.» – Sokrates fragt einen seiner Freunde, um das zu bekräftigen: «Scheint dir es, daß es sich für den Philosophen gezieme, sich Mühe zu geben um die sogenannten sinnlichen Lüste, wie um ein leckeres Essen und Trinken? Oder um die Vergnügungen des Geschlechtstriebes? Und die übrige Besorgung des Leibes; glaubst du, daß ein solcher Mann sie sehr beachte? Wie, schöne Kleider zu haben, Schuhe und andre Arten von Schmuck des Leibes, glaubst du, daß er das beachte oder verachte in höherem Grade als die äußerste Not hiervon zu haben erfordert? Dünkt dich also nicht überhaupt eines solchen Mannes ganze Beschäftigung nicht auf den Leib gerichtet zu sein, sondern so viel nur möglich von ihm abgekehrt und der Seele zugewendet? Also hierin zuerst zeigt sich der Philosoph: Ablösend seine Seele von der Gemeinschaft mit dem Leibe im Vorzug mit allen übrigen Menschen.» Darnach darf Sokrates schon eines sagen: Das Weisheitsstreben hat das mit dem Sterben gleich, daß der Mensch sich von dem Leiblichen abkehrt. Aber wohin wendet er sich denn? Er wendet sich dem Geistigen zu. Kann er aber von dem Geiste dasselbe wollen wie von den Sinnen? Sokrates spricht sich darüber aus: «Wie aber steht es nun mit der vernünftigen Einsicht selbst? Ist dabei der Leib im Wege oder nicht, wenn man ihn bei dem Streben darnach zum Gefährten annimmt? Ich meine so: Gewähren wohl Gesicht und Gehör dem Menschen einige Wahrheit? Oder singen nur die Dichter das immer so vor: daß wir nichts genau hören noch sehen? ... Wann also trifft die Seele die Wahrheit? Denn wenn sie mit des Leibes Hilfe versucht, etwas zu betrachten, dann wird sie offenbar von diesem betrogen.» Alles, was wir mit den Sinnen des Leibes wahrnehmen, entsteht und vergeht. Und dieses Entstehen und Vergehen bewirkt eben, daß wir betrogen werden. Aber wenn wir durch die vernünftige Einsicht tiefer in die Dinge hineinschauen, dann wird uns in ihnen das Ewige zuteil. Also bieten uns die Sinne nicht das Ewige in seiner wahren Gestalt. Sie sind in dem Augenblicke Betrüger, wenn wir ihnen unbedingt vertrauen. Sie hören auf, uns zu betrügen, wenn wir ihnen die denkende Einsicht gegenüberstellen und ihre Aussagen der Prüfung dieser Einsicht unterwerfen. Wie könnte aber die denkende Einsicht über die Aussagen der Sinne zu Gericht sitzen, wenn in ihr nicht etwas lebte, was über die Wahrnehmungen der Sinne hinausgeht? Also, was wahr und falsch an den Dingen ist, darüber entscheidet in uns etwas, was sich dem sinnlichen Leibe entgegenstellt, was also nicht seinen Gesetzen unterworfen ist. Es darf dieses Etwas vor allem nicht den Gesetzen seines Werdens und Vergehens unterworfen sein. Denn dieses Etwas hat das Wahre in sich. Nun kann aber das Wahre nicht ein Gestern und Heute haben; es kann nicht einmal dies, das andere Mal jenes sein, wie die sinnlichen Dinge. Also muß das Wahre selbst ein Ewiges sein. Und indem sich der Philosoph von dem Sinnlich-Vergänglichen ab- und dem Wahren zuwendet, tritt er zugleich an ein Ewiges heran, das in ihm wohnt. Und versenken wir uns ganz in den Geist, dann leben wir ganz in dem Wahren. Das Sinnliche um uns ist nicht mehr bloß in seiner sinnlichen Gestalt vorhanden. «Und der kann dies wohl am reinsten ausrichten, sagte Sokrates, der mit dem Geiste so viel als möglich allein an jedes geht, ohne weder das Gesicht mit umzuwenden beim Denken, noch irgendeinen anderen Sinn mit zuzuziehen bei seinem Nachdenken, sondern sich des reinen Gedankens allein bedienend, auch jegliches rein für sich zu fassen trachtet, so viel als möglich geschieden von Augen und Ohren, und, um es kurz zu sagen, von dem ganzen Leibe, der nur die Seele stört und sie nicht die Wahrheit und Einsicht erlangen läßt, wenn er mit dabei ist ... Heißt nun nicht der Tod die Erlösung und Absonderung der Seele vom Leibe? Und sie zu lösen, streben immer am meisten nur allein die wahrhaften Philosophen; also ist das das Geschäft des Philosophen: Befreiung und Absonderung der Seele vom Leibe ... Töricht ist deshalb, wenn ein Mann, der sich in seinem ganzen Leben darauf eingerichtet hat, so nahe als möglich dem Tode zu sein, nachher, wenn dieser kommt, sich ungebärdig stellen wollte ... In der Tat trachten die richtigen Weisheitsucher darnach zu sterben, und der Tod ist ihnen unter allen Menschen am wenigsten furchtbar.» Auch alle höhere Sittlichkeit gründet Sokrates auf die Befreiung vom Leibe. Wer nur dem folgt, was ihm sein Leib gebietet, der ist nicht sittsam. Wer ist tapfer? fragt Sokrates. Derjenige ist tapfer, der nicht seinem Leibe folgt, sondern auch dann den Forderungen seines Geistes folgt, wenn diese Forderungen den Leib gefährden. Und wer ist besonnen? Heißt nicht besonnen sein, sich «von Begierden nicht fortreißen zu lassen, sondern sich gleichgültig gegen sie zu verhalten und sittsam; kommt nicht also auch die Besonnenheit allein denen zu, welche den Leib am meisten gering schätzen und in der Liebe zur Weisheit leben?» Und so ist es, nach Sokrates' Meinung, mit allen Tugenden.

Sokrates schreitet zur Charakteristik der vernünftigen Einsicht selbst vor. Was heißt denn überhaupt Erkennen? Zweifellos gelangen wir dadurch zur Erkenntnis, daß wir uns Urteile bilden. Nun wohl: ich bilde mir über einen Gegenstand ein Urteil; z. B. ich sage mir: Dies, was da vor mir steht, ist ein Baum. Wie komme ich dazu, mir das zu sagen? Ich werde es nur können, wenn ich schon weiß, was ein Baum ist. Ich muß mich *erinnern* an meine Vorstellung von dem Baume. Ein Baum ist ein sinnliches Ding. Wenn ich mich an einen Baum erinnere, dann also erinnere ich mich an einen sinnlichen Gegenstand. Ich sage von einem Dinge: es sei ein Baum, wenn es andern Dingen gleicht, die ich früher wahrgenommen habe und von denen ich weiß, daß sie Bäume sind. Die *Erinnerung* vermittelt mir die Erkenntnis. Die Erinnerung ermöglicht mir den Vergleich der mannigfaltigen sinnlichen Dinge untereinander. Aber darin erschöpft sich meine Erkenntnis nicht. Wenn ich zwei Dinge sehe, die gleich sind, so bilde ich mir das Urteil: diese Dinge sind gleich. Nun sind in der Wirklichkeit niemals zwei Dinge ganz gleich. Ich kann überall nur in einer gewissen Beziehung eine Gleichheit finden. Der Gedanke der Gleichheit tritt also in mir auf, ohne daß er in der sinnlichen Wirklichkeit ist. Er verhilft mir zu einem Urteil, wie mir die Erinnerung zu einem Urteil, zu einer Erkenntnis verhilft. Wie ich mich bei dem Baum an Bäume erinnere, so erinnere ich mich bei zwei Dingen, wenn ich sie in einer gewissen Beziehung betrachte, an den Gedanken der Gleichheit. Es treten also in mir Gedanken wie Erinnerungen auf, die nicht aus der sinnlichen Wirklichkeit erworben sind. Alle Erkenntnisse, die nicht aus dieser Wirklichkeit entlehnt sind, fußen auf solchen Gedanken. Die ganze Mathematik besteht nur aus solchen Gedanken. Der würde ein schlechter Geometer sein, der nur das in mathematische Beziehungen bringen könnte, was er mit Augen sehen, mit Händen greifen kann. Also haben wir Gedanken, die nicht aus der vergänglichen Natur stammen, sondern die aus dem Geiste aufsteigen. Und gerade diese tragen das Merkmal ewiger Wahrheit an sich. Ewig wahr wird sein, was die Mathematik lehrt; auch wenn morgen das ganze Weltgebäude einstürzte und sich ein ganz neues aufbaute. Es könnten für ein anderes Weltgebäude solche Bedingungen gelten, daß die gegenwärtigen mathematischen Wahrheiten nicht anwendbar wären; in sich wahr blieben sie aber doch. Wenn die Seele mit sich allein ist, dann nur kann sie solche ewige Wahrheiten aus sich hervorbringen. Also ist die Seele dem Wahren, dem Ewigen verwandt und nicht dem Zeitlichen, Scheinbaren. Daher sagt Sokrates: «Wenn die Seele durch sich selbst Betrachtungen anstellt, dann geht sie zu dem Reinen und immer Seienden und Unsterblichen und sich

selbst Gleichen, und als diesem verwandt, hält sie sich zu ihm, wenn sie für sich selbst ist und es ihr vergönnt wird, und dann hat sie Ruhe von ihrem Irren und ist auch in Beziehung auf jenes immer sich selbst gleich, weil sie eben solches berührt, und diesen ihren Zustand nennt man eben die Vernünftigkeit ... Sieh nun zu, ob aus allem Gesagten nicht hervorgeht, daß dem Göttlichen, Unsterblichen, Vernünftigen, Einartigen, Unauflöslichen und immer gleich und sich selbst gleichartig Verhaltenden die Seele am ähnlichsten ist; dem Menschlichen und Sterblichen und Unvernünftigen und Vielgestaltigen und Auflöslichen und nie gleich und sich selbst gleichartig Bleibenden wiederum der Leib am ähnlichsten ist ... Also, wenn sich das so verhält, so geht die Seele zu dem ihr ähnlichen Gestaltlosen und zu dem Göttlichen, Unsterblichen, Vernünftigen, wo sie dann dazu gelangt, glückselig zu sein, von Irrtum und Unwissenheit, Furcht und wilder Liebe und allen andern menschlichen Übeln befreit, und lebt dann, wie es bei den Eingeweihten heißt, wahrhaft die übrige Zeit mit Gott.»
Es kann hier nicht die Aufgabe sein, alle Wege zu zeigen, die Sokrates seine Freunde zum Ewigen hingeleitet. Alle atmen ja denselben Geist. Alle sollen zeigen, daß der Mensch ein anderes findet, wenn er die Wege der vergänglichen Sinneswahrnehmung wandelt, und ein anderes, wenn sein Geist mit sich allein ist. Und auf diese ureigene Natur des Geistigen weist Sokrates die hin, die ihm zuhören. Finden sie es, dann sehen sie ja mit Geistesaugen selbst, daß es ewig ist. Der sterbende Sokrates beweist nicht die Unsterblichkeit; er zeigt einfach das Wesen der Seele. Und dann stellt sich heraus, daß Werden und Vergehen, Geburt und Tod mit dieser Seele nichts zu tun haben. Das

Wesen der Seele ist in dem Wahren gelegen; das Wahre aber kann nicht werden und vergehen. So viel wie das Gerade mit dem Ungeraden hat die Seele mit dem Werden zu tun. Der Tod aber gehört dem Werden an. Also hat die Seele mit dem Tode nichts zu tun. Muß man nicht von dem Unsterblichen sagen, daß es das Sterbliche so wenig annehme wie das Gerade das Ungerade. Muß man nicht sagen, meint, davon ausgehend, Sokrates: «daß, wenn das Unsterbliche auch unvergänglich ist, die Seele unmöglich, wenn der Tod an sie kommt, untergehen kann. Denn den Tod kann sie ja nach dem vorhin Erwiesenen nicht annehmen, noch kann sie gestorben sein, wie die Drei niemals gerade sein kann.»

Man überblicke die ganze Entwicklung in diesem Gespräche, in dem Sokrates seine Zuhörer dahin führt, daß sie das Ewige in der menschlichen Persönlichkeit schauen. Die Zuhörer nehmen seine Gedanken auf; sie forschen in sich selbst, ob sich in ihren eigenen inneren Erlebnissen etwas findet, wodurch sie zu seinen Ideen «ja» sagen können. Sie machen die Einwände, die sich ihnen aufdrängen. Was ist mit den Zuhörern geschehen, wenn das Gespräch sein Ende erreicht hat? Sie haben in sich etwas *gefunden,* was sie vorher nicht gehabt haben. Sie haben nicht bloß eine abstrakte Wahrheit in sich aufgenommen; sie haben eine Entwicklung durchgemacht. Es ist etwas in ihnen lebendig geworden, was vorher nicht in ihnen lebte. Ist das nicht etwas, was sich mit einer *Einweihung* vergleichen läßt? Wirft das nicht ein Licht darauf, warum Plato seine Philosophie in Gesprächsform dargelegt hat? Es sollen diese Gespräche eben nichts anderes sein als die literarische Form für die Vorgänge in den Mysterienstätten. Was

Plato selbst an vielen Stellen sagt, überzeugt uns davon. Als philosophischer Lehrer hat Plato sein wollen, was der Einweihende in den Mysterien war; so gut man das mit der philosophischen Art der Mitteilung sein kann. Wie weiß sich doch Plato in Übereinstimmung mit der Art der Mysterien! Wie hält er seine Art nur dann für die rechte, wenn sie dorthin führt, wohin der Myste geführt werden soll! Darüber spricht er sich im Timäos aus: «Alle, die einigermaßen die rechte Gesinnung haben, rufen bei kleinen und großen Unternehmungen die Götter an; wir aber, die über das All zu lehren vorhaben, inwiefern es entstanden und unentstanden ist, müssen doch besonders, wenn wir nicht völlig abgeirrt sind, die Götter und Göttinnen anrufen und beten, alles zunächst in ihrem Geiste und dann in Übereinstimmung mit uns selbst zu lehren.» Und denjenigen, die auf einem solchen Wege suchen, verspricht Plato: «daß die Gottheit als Retter die verirrliche und so weit abseits liegende Untersuchung in einer einleuchtenden Lehre ihren Abschluß finden lasse».

Der «Timäos» ist es besonders, der uns den Mysteriencharakter der platonischen Weltanschauung enthüllt. Gleich im Anfange dieses Gespräches ist von einer «Einweihung» die Rede. Solon wird von einem ägyptischen Priester in das Werden der Welten «eingeweiht» und in die Art, wie in überlieferten Mythen bildlich ewige Wahrheiten ausgesprochen werden. «Es haben schon viele und vielerlei Vertilgungen der Menschen stattgefunden (so lehrt der ägyptische Priester den Solon) und werden auch fernerhin noch stattfinden, die umfänglichsten durch Feuer und Wasser, andere, geringere aber durch unzählige andere Ursachen. Denn was auch bei euch erzählt wird, daß einst

Phaeton, der Sohn des Helios, den Wagen seines Vaters bestieg und, weil er es nicht verstand, auf dem Wege seines Vaters zu fahren, alles auf der Erde verbrannte und er selber vom Blitze erschlagen wurde, das klingt zwar wie eine Fabel, doch ist das Wahre daran die veränderte Bewegung der die Erde umkreisenden Himmelskörper und die Vernichtung von allem, was auf der Erde befindlich ist, durch vieles Feuer, welche nach dem Verlauf gewisser großer Zeiträume eintritt.» – In dieser Timäosstelle ist ein deutlicher Hinweis darauf enthalten, wie sich der Eingeweihte zu den Mythen des Volkes verhält. Er erkennt die Wahrheiten, die in ihren Bildern verhüllt sind.

Das Drama des Weltwerdens wird im Timäos vorgeführt. Wer den Spuren nachgehen will, die zu diesem Weltwerden führen, der kommt zu der *Ahnung* der Urkraft, aus der alles geworden ist. «Den Schöpfer und Vater dieses Alls nun ist es schwierig zu finden; und wenn man ihn gefunden hat, *unmöglich*, sich für alle verständlich über ihn auszusprechen.» Der Myste wußte, was mit dieser «Unmöglichkeit» gemeint ist. Sie deutet auf das Drama des Gottes. Dieser ist ja für ihn nicht im Sinnlich-Verständigen vorhanden. Da ist er nur als Natur vorhanden. Er ist in der Natur verzaubert. Nur der kann sich ihm, nach der alten Mysten-Meinung, nähern, der das Göttliche in sich selbst erweckt. Also kann er nicht, ohne weiteres, für alle verständlich gemacht werden. Aber selbst für den, der sich ihm nähert, erscheint er nicht selbst. Das besagt der Timäos. Aus Weltleib und Weltseele hat der Vater die Welt gemacht. Harmonisch, in vollkommenen Proportionen hat er die Elemente gemischt, die entstanden, als er sich selbst vergießend ein eigenes besonderes Sein hingab. Dadurch wurde der Weltleib. Und gespannt auf diesen Weltleib ist in *Kreuzesform* dic Weltseele. Sie ist das Göttliche in der Welt. Sie hat den Kreuzestod gefunden, auf daß die Welt sein könne. Das *Grab* des Göttlichen darf also Plato die Natur nennen. Doch nicht ein Grab, in dem ein Totes liegt, sondern ein Ewiges, für das der Tod nur die Gelegenheit gibt, die Allmacht des Lebens zum Ausdruck zu bringen. Und derjenige Mensch erblickt diese Natur in dem rechten Lichte, der vor sie hintritt, die gekreuzigte Weltseele zu erlösen. Auferstehen soll sie von ihrem Tode, aus ihrer Verzauberung. Wo kann sie wieder aufleben? Allein in der Seele des eingeweihten Menschen. Die Weisheit findet ihr rechtes Verhältnis damit zum Kosmos. Die Auferstehung, die Erlösung Gottes: das ist die Erkenntnis. Von dem Unvollkommenen zum Vollkommenen wird im Timäos die Weltentwicklung verfolgt. Ein aufsteigender Prozeß stellt sich in der Vorstellung dar. Die Wesen entwickeln sich. Gott enthüllt sich in dieser Entwicklung. Das Werden ist eine Auferstehung Gottes aus dem Grabe. Innerhalb der Entwicklung tritt der Mensch auf. Plato zeigt, daß mit dem Menschen etwas Besonderes da ist. Zwar ist die ganze Welt ein Göttliches. Und der Mensch ist nicht göttlicher als die anderen Wesen. Aber in den anderen Wesen ist Gott auf verborgene Art, in dem Menschen auf offenbare Art gegenwärtig. Am Ende des Timäos steht: «Und nunmehr möchten wir denn auch behaupten, daß unsere Erörterungen über das All ihr Ziel erreicht haben, denn nachdem diese Welt in der geschilderten Weise mit sterblichen und unsterblichen lebenden Wesen ausgerüstet und erfüllt worden, ist sie (so selbst) zu einem sichtbaren Wesen dieser Art geworden, welches alles Sichtbare umfaßt, zu einem Abbilde des Schöpfers und sinnlich wahrnehmbaren Gott und zur größten und besten, zur schönsten und vollendetsten (die es geben konnte) geworden, diese eine und Eingeborene Welt.»

Aber diese eine und Eingeborene Welt wäre nicht vollkommen, wenn sie nicht unter ihren Abbildern auch das Abbild des Schöpfers selbst hätte. Nur aus der Menschenseele heraus kann dieses Abbild geboren werden. Nicht den Vater selbst, aber den *Sohn*, den in der Seele lebenden Sprossen Gottes, der gleich ist dem Vater: ihn kann der Mensch gebären.

Als den «Sohn Gottes» bezeichnete Philo, von dem man sagte, daß er der wiedererstandene Plato sei, die aus dem Menschen geborene Weisheit, welche in der Seele lebt und die in der Welt vorhandene Vernunft zum Inhalte hat. Diese Weltvernunft, der *Logos*, erscheint als das Buch, in dem «aller Weltbestand eingetragen und gezeichnet ist». Sie erscheint weiter als der Sohn Gottes: «die Wege des Vaters nachahmend formt er, auf die Urbilder schauend, die Gestalten». Diesen *Logos* spricht der platonisierende Philo wie den Christus an: «Da Gott der erste und einzige König des Alls ist, so ist der Weg zu ihm mit Recht der Königliche genannt worden; als diesen aber betrachte die Philosophie ... den Weg, welchen der Chor der alten Asketen wandelte, abgewandt von dem bestrickenden Zauber der Lust, der würdigen und ernsten Pflege des Schönen hingegeben; diesen Königlichen Weg, den wir die wahre Philosophie nennen, heißt das Gesetz: Gottes *Wort* und Geist.»

Wie eine Einweihung empfindet es Philo, wenn er diesen Weg betritt, um dem Logos zu begegnen, der ihm Gottes

Sohn ist: «Ich scheue mich nicht, mitzuteilen, was mir selbst unzählige Male geschehen ist. Manchmal, wenn ich in gewohnter Weise meine philosophischen Gedanken niederschreiben wollte und ganz scharf sah, was festzustellen wäre, fand ich doch meinen Geist unfruchtbar und steif, so daß ich, ohne etwas fertig zu bringen, ablassen mußte und mir in nichtigem Wähnen befangen vorkam; zugleich aber staunte über die Gewalt des Gedanklich-Realen, bei der es steht, den Schoß der Menschenseele zu öffnen und zu schließen. Andermal aber fing ich leer an, und kam, ohne weiteres, zur Fülle, indem die Gedanken wie Schneeflocken oder Samenkörner von obenher unsichtbar herabgeflogen kamen, und es mich wie göttliche Kraft ergriff und begeisterte, so daß ich nicht wußte, wo ich bin, wer bei mir ist, wer ich selber bin, was ich sage, was ich schreibe: denn jetzt war mir der Fluß der Darstellung gegeben, eine wonnige Helle, scharfer Blick, klare Beherrschung des Stoffes, wie wenn das innere Auge nun alles mit der größten Deutlichkeit erkennen könnte.» – Das ist die Schilderung eines Erkenntnisweges, die so gehalten ist, daß man sieht, der diesen Weg geht, ist sich bewußt, daß, wenn der *Logos* in ihm lebendig wird, er mit dem Göttlichen zusammenfließt. Klar kommt das auch noch in den Worten zum Ausdruck: «Wenn der Geist, von der Liebe ergriffen, in das Heiligste seinen Flug nimmt, freudigen Schwunges, gottbeflügelt, so vergißt er alles andere und sich selbst, er ist nur von dem erfüllt und an den geschmiegt, dessen Trabant und Diener er ist und dem er die heiligste und keuscheste Tugend als Rauchopfer darbringt.» – Es gibt für Philo nur zwei Wege. Entweder man folgt dem Sinnlichen, dem, was Wahrnehmung und Verstand bieten, dann beschränkt man sich auf die eigene Persönlichkeit, man entzieht sich dem Kosmos; oder aber man wird sich der kosmischen Allkraft bewußt; dann erlebt man innerhalb der Persönlichkeit das Ewige. «Wer Gott umgehen will, fällt sich selbst in die Hände; denn es kommt zweierlei in Frage: der Allgeist, welcher Gott ist, und der eigene Geist; der letztere entflieht und flüchtet zum Allgeist; denn wer über seinen eigenen Geist hinausgeht, sagt sich, daß dieser ein Nichts sei, und knüpft alles an Gott; wer aber Gott ausweicht, hebt diesen Urgrund auf und macht sich zum Grunde von allem, was geschieht.»

Eine Erkenntnis, die durch ihre ganze Art Religion ist, will die platonische Weltanschauung sein. Sie bringt die Erkenntnis in Beziehung zu dem Höchsten, das der Mensch mit seinen Gefühlen erreichen kann. Nur wenn in der Erkenntnis das Gefühl sich am vollständigsten befriedigen kann, vermag Plato diese Erkenntnis gelten zu lassen. Sie ist dann nicht bildhaftes Wissen; sie ist Lebensinhalt. Sie ist ein höherer Mensch im Menschen. Derjenige Mensch, von dem die Persönlichkeit nur Abbild ist. In dem Menschen selbst wird der überragende, der *Urmensch*, geboren. Und damit wäre wieder ein Mysteriengeheimnis in der platonischen Philosophie zum Ausdruck gebracht. Der Kirchenvater Hippolytos weist auf dieses Geheimnis hin: «Das ist das große Geheimnis der Samothraker (der Hüter eines bestimmten Mysterienkultus), das man nicht aussprechen kann und das nur die Eingeweihten kennen. Diese aber wissen ausführlich von Adam als ihrem Urmenschen zu berichten.» –

Eine «Einweihung» stellt auch das Platonische «Gespräch über die Liebe», das «Symposion» dar. Hier erscheint die Liebe als die Vorverkünderin der Weisheit. Ist die Weisheit, das ewige Wort (Logos) der *Sohn* des ewigen Weltschöpfers, so hat die Liebe eine mütterliche Beziehung zu diesem Logos. Bevor auch nur ein lichter Funke des Weisheitslichtes in der menschlichen Seele aufleuchten kann, muß ein dunkler Drang, ein Zug zu diesem Göttlichen vorhanden sein. Unbewußt muß es den Menschen zu dem ziehen, was nachher, ins Bewußtsein erhoben, sein höchstes Glück ausmacht. Was bei Heraklit als der *Dämon* im Menschen auftritt (vgl. S. 38 ff.), damit verbindet sich die Vorstellung der Liebe. – Im «Symposion» sprechen sich Menschen verschiedensten Standes und verschiedenster Lebensauffassung über die Liebe aus: der Alltagsmensch, der Politiker, der Wissenschaftler, der Komödiendichter Aristophanes und der ernste Dichter Agathon. Sie haben, den Erfahrungen ihrer Lebenslage gemäß, jeder ihre Anschauungen über die Liebe. Wie sie sich äußern, dadurch kommt zum Vorschein, auf welcher Stufe ihr «Dämon» steht (vgl. S. 45). Durch die Liebe wird ein Wesen zum andern hingezogen. Das Mannigfaltige, die Vielheit der Dinge, in welche die göttliche Einheit zerflossen ist, strebt durch die Liebe zur Einheit, zur Harmonie. Etwas Göttliches hat also die Liebe. Jeder kann sie daher nur so verstehen, wie er selbst des Göttlichen teilhaftig ist. Nachdem die Menschen verschiedener Reifestufen ihre Gedanken von Liebe dargelegt haben, ergreift Sokrates das Wort. Er betrachtet als Erkenntnismensch die Liebe. Für ihn ist sie kein Gott. Aber sie ist etwas, das den Menschen zu Gott hinführt. *Eros,* die Liebe, ist ihm kein Gott. Denn der Gott ist vollkommen, also hat er das Schöne und Gute. Aber Eros ist nur das Verlangen nach dem Schönen und

Guten. Er steht also zwischen dem Menschen und Gott. Er ist ein «Dämon», ein Mittler zwischen Irdischem und Göttlichem. – Es ist bedeutsam, daß Sokrates nicht *seine* Gedanken zu geben behauptet, da wo er über die Liebe spricht. Er sagt, er erzähle nur, was ihm eine Frau als *Offenbarung* darüber gegeben habe. Eine mantische Kunst ist es, durch die er zu einer Vorstellung von der Liebe gekommen ist. Diotime, die Priesterin, hat in Sokrates erweckt, was als dämonische Kraft in ihm zum Göttlichen führen soll. Sie hat ihn «eingeweiht». – Vielsagend ist dieser Zug des «Symposion». Man muß fragen: Wer ist die «weise Frau», die in Sokrates den Dämon erweckt? Man kann hier nicht an bloße dichterische Einkleidung denken. Denn keine sinnlich-wirkliche weise Frau könnte den Dämon in der Seele wecken, wenn die Kraft zu dieser Erweckung nicht in der Seele selbst wäre. In der eigenen Seele des Sokrates müssen wir doch auch diese «weise Frau» suchen. Aber es muß ein Grund vorhanden sein, der als äußerlich-wirkliches Wesen das erscheinen läßt, was in der Seele selbst den Dämon zum Dasein bringt. Diese Kraft kann nicht so wirken wie die Kräfte, die man in der Seele als zu ihr gehörig, als in ihr heimisch, beobachten kann. Man sieht, es ist die Seelenkraft vor Empfang der Weisheit, die Sokrates als «weise Frau» hinstellt. Es ist das *mütterliche* Prinzip, das den Sohn Gottes, die Weisheit, den Logos gebiert. Als weibliches Element wird die unbewußt wirkende Kraft der Seele hingestellt, die das Göttliche ins Bewußtsein eintreten läßt. Die noch weisheitlose Seele ist die Mutter dessen, was zum Göttlichen führt. Man wird da auf eine wichtige Vorstellung der Mystik geführt. Die Seele wird als die Mutter des Göttlichen anerkannt.

Unbewußt führt sie, mit der Notwendigkeit einer Naturkraft, den Menschen zum Göttlichen hin. – Ein Licht strahlt von da aus auf die Mysterienanschauung von der griechischen Mythologie. Die Götterwelt ist in der Seele geboren. Der Mensch sieht, was er selbst in Bildern schafft, als seine Götter an (vgl. S. 35 f.). Aber er muß noch zu einer anderen Vorstellung vordringen. Er muß auch die göttliche Kraft in sich, die vor Erschaffung der Götterbilder tätig ist, in Götterbilder wandeln. Hinter dem Göttlichen tritt die Mutter des Göttlichen auf, die nichts anderes als die ursprüngliche menschliche Seelenkraft ist. Neben die Götter stellt der Mensch die Göttinnen hin. Man betrachte den Dionysos-Mythus in dem Lichte, das da gewonnen ist. Dionysos ist der Sohn des Zeus und einer sterblichen Mutter, der Semele. Der vom Blitze erschlagenen Mutter entreißt Zeus das noch unreife Kind und birgt es bis zur Reife in der eigenen Hüfte. Hera, die Göttermutter, reizt die Titanen gegen Dionysos auf. Sie *zerstückeln* den Knaben. Aber Pallas Athene rettet das noch schlagende Herz und bringt es dem Zeus. Er erzeugt darauf den Sohn zum zweiten Male. Man sieht genau in diesem Mythus einen Vorgang, der sich im Innersten der menschlichen Seele abspielt. Und wer im Sinne des ägyptischen Priesters spräche, der den Solon über die Natur eines Mythus belehrt, der könnte so sprechen: Was bei euch erzählt wird, daß Dionysos, der Sohn des Gottes und einer sterblichen Mutter geboren, zerstückelt und noch einmal geboren ist, das klingt zwar wie eine Fabel, doch das Wahre daran ist die Geburt des Göttlichen und sind dessen Schicksale in der eigenen menschlichen Seele. Das Göttliche verbindet sich mit der zeitlich-irdischen Menschenseele. Sobald nur dieses Göttliche, Dionysische, sich regt, empfindet die Seele ein heftiges Verlangen nach seiner wahren geistigen Gestalt. Das Bewußtsein, das wieder im Bilde einer weiblichen Gottheit, Hera, erscheint, wird eifersüchtig auf die Geburt aus dem besseren Bewußtsein. Es stachelt die niedere Natur des Menschen auf – (die Titanen). Das noch unreife Gotteskind wird zerstückelt. So ist es im Menschen vorhanden als zerstückelte sinnlich-verständige Wissenschaft. Ist im Menschen aber so viel von der höheren Weisheit (Zeus) vorhanden, daß diese wirksam ist, dann hegt und pflegt diese das unreife Kind, das dann als zweiter Gottessohn (Dionysos) wiedergeboren wird. So wird aus der Wissenschaft, der zerstückelten göttlichen Kraft im Menschen, die einheitsvolle Weisheit geboren, die der Logos ist, der Sohn Gottes und einer sterblichen Mutter, der vergänglichen, unbewußt nach dem Göttlichen hinstrebenden Menschenseele. Solange man in alledem nur einen *bloßen* Seelenvorgang sieht und es etwa als *Bild* eines solchen auffaßt, ist man weit entfernt von der geistigen Wirklichkeit, die sich da abspielt. In dieser geistigen Wirklichkeit erlebt die Seele nicht bloß etwas in sich; sondern sie ist ganz von sich losgekommen und erlebt einen Weltvorgang mit, der in Wahrheit gar nicht in ihr, sondern außer ihr sich abspielt.

Platonische Weisheit und griechischer Mythus schließen sich zusammen; ebenso Mysterienweisheit und Mythus. Die erzeugten Götter waren Gegenstand der Volksreligion; die Geschichte ihrer Entstehung war das Geheimnis der Mysterien. Kein Wunder, daß es für gefährlich galt, die Mysterien zu «verraten». Man «verriet» ja damit die Herkunft der Volksgötter. Und das richtige Verständnis über diese Herkunft ist heilsam; das Mißverständnis verderblich.

Der Myste suchte in sich Kräfte, er suchte Wesenheiten in sich auf, die dem Menschen so lange unbekannt bleiben, als er in der gewöhnlichen Lebensanschauung steckt. Der Myste stellt die große Frage nach seinen eigenen geistigen, über die niedere Natur hinausgehenden Kräften und Gesetzen. Der Mensch mit der gewöhnlichen, sinnlich-logischen Lebensanschauung schafft sich Götter, oder, wenn er zu der Einsicht des Schaffens kommt, dann leugnet er sie. Der Myste erkennt, daß *er* Götter schafft; er erkennt, *warum* er sie schafft; er ist sozusagen hinter die Naturgesetzmäßigkeit des Götterschaffens gekommen. Es ist mit ihm so, wie wenn die Pflanze plötzlich wissend würde und die Gesetze ihres eigenen Wachstums, ihrer eignen Entwicklung kennenlernte. Sie entwickelt sich in holder Unbewußtheit. Wüßte sie um ihre Gesetze, müßte sie ein ganz anderes Verhältnis zu sich selbst gewinnen. Was der Lyriker empfindet, wenn er die Pflanze besingt, was der Botaniker denkt, wenn er ihren Gesetzen nachforscht: Das würde einer wissenden Pflanze als Ideal von sich selbst vorschweben. – So ist es mit dem Mysten in bezug auf *seine* Gesetze, auf die in ihm wirkenden Kräfte. Als Wissender muß er über sich hinaus ein Göttliches schaffen. Und so stellten sich auch die Eingeweihten zu dem, was das Volk über die Natur hinaus geschaffen hatte. So stellten sie sich zu der Götter- und Mythenwelt des Volkes. Sie wollten die Gesetze dieser Götter- und Mythenwelt erkennen. Da wo das Volk eine Göttergestalt, wo es einen Mythus hatte: da suchten sie eine höhere Wahrheit. – Man betrachte ein Beispiel: Die Athener waren von dem kretischen König *Minos* gezwungen worden, ihm alle acht Jahre sieben Knaben und sieben Mädchen zu liefern. Diese wurden dem Minotaurus, einem fürchterlichen Ungeheuer, als Speise vorgeworfen. Als das dritte Mal die traurige Sendung nach Kreta abgehen sollte, zog der Königssohn Theseus mit. Als dieser in Kreta eintraf, nahm sich Ariadne, des König Minos eigene Tochter, seiner an. Der Minotaurus hauste in dem Labyrinth, einem Irrgarten, aus dem sich niemand herausfinden konnte, der hineingeraten war. Theseus wollte seine Vaterstadt von dem schimpflichen Tribut befreien. Er mußte in das Labyrinth, in das sonst des Ungeheuers Beute geworfen wurde. Er wollte den Minotaurus töten. Er unterzog sich dieser Aufgabe; er überwand den furchtbaren Feind und gelangte wieder ins Freie mit Hilfe eines Fadenknäuels, das ihm Ariadne gereicht hatte. – Dem Mysten sollte klar werden, wie der schaffende Menschengeist dazu kommt, eine derartige Erzählung auszubilden. Wie der Botaniker das Pflanzenwachstum belauscht, um seine Gesetze zu finden, so wollte er den schaffenden Geist belauschen. Er suchte eine *Wahrheit*, einen Weisheitsgehalt da, wohin das Volk einen Mythus gesetzt hatte. Sallustius verrät uns die Stellung eines mystischen Weisen gegenüber einem solchen Mythus: «Man könnte die ganze Welt einen Mythus nennen, der die Körper und Dinge sichtbarlich, die Seelen und Geister verborgener Weise in sich schließt. Würde allen die Wahrheit über die Götter gelehrt, so würden sie die Unverständigen, weil sie sie nicht begreifen, gering schätzen, die Tüchtigeren aber leicht nehmen; wird aber die Wahrheit in mythischer Umhüllung gegeben, so ist sie vor Geringschätzung gesichert und gewährt den Antrieb zum Philosophieren.»

Wenn man den Wahrheitsgehalt eines Mythus als Myste suchte, so war man sich bewußt, daß man etwas hinzufügte zu dem, was im Volksbewußtsein vorhanden war. Man war sich klar, daß man sich *über* dieses Volksbewußtsein stellte, wie sich der Botaniker *über* die wachsende Pflanze stellt. Man sagte etwas ganz anderes, als im mythischen Bewußtsein vorhanden war; aber man sah das, was man sagte, als eine tiefere Wahrheit an, die sich symbolisch im Mythus zum Ausdrucke brachte. Der Mensch steht der Sinnlichkeit als einem feindlichen Ungeheuer gegenüber. Er opfert ihr die Früchte seiner Persönlichkeit. Sie verschlingt sie. Sie tut es so lange, bis im Menschen der Überwinder (Theseus) erwacht. Seine Erkenntnis spinnt ihm den Faden, durch den er sich wieder zurechtfindet, wenn er sich in den Irrgarten der Sinnlichkeit begibt, um seinen Feind zu töten. Das Mysterium der menschlichen Erkenntnis selbst ist in dieser Überwindung der Sinnlichkeit ausgesprochen. Der Myste kennt dieses Mysterium. Es ist durch dasselbe auf eine Kraft in der menschlichen Persönlichkeit gedeutet. Das gewöhnliche Bewußtsein ist sich dieser Kraft nicht bewußt. Aber sie wirkt doch in ihm. Sie erzeugt den Mythus, der dieselbe *Struktur* hat wie die mystische Wahrheit. Diese Wahrheit symbolisiert sich in dem Mythus. – Was liegt also in den Mythen? Es liegt in ihnen eine Schöpfung des Geistes, der unbewußt schaffenden Seele. Die Seele hat eine ganz bestimmte Gesetzmäßigkeit. Sie muß in einer bestimmten Richtung wirken, um über sich hinaus zu schaffen. Auf der mythologischen Stufe tut sie das in Bildern; aber diese Bilder sind nach Maßgabe der Seelengesetzmäßigkeit gebaut. Man könnte auch sagen: Wenn die Seele über die Stufe des mythologischen Bewußtseins hinaus zu den tieferen Wahrheiten vorschreitet, dann tragen diese dasselbe Gepräge wie vorher die Mythen, denn eine und dieselbe Kraft ist bei ihrer Entstehung tätig. – Plotin, der Philosoph der neuplatonischen Schule (204–269 n. Chr.), spricht sich über dieses Verhältnis von bildlich-mythischer Vorstellungsweise zu höherem Erkennen mit Bezug auf die ägyptischen Priesterweisen aus:

«Die ägyptischen Weisen bedienen sich, sei es auf Grund strenger Forschung, sei es instinktiv bei der Mitteilung ihrer Weisheit nicht der Schriftzeichen zum Ausdruck ihrer Lehren und Sätze, als der Nachahmungen von Stimme und Rede, sondern sie zeichnen Bilder und legen in ihren Tempeln in den Umrissen der Bilder den Gedankengehalt jeder Sache nieder, so daß jedes Bild ein Wissens- und Weisheitsinhalt, ein Objekt und eine Totalität, obschon keine Auseinandersetzung und Diskussion ist. Man löst dann den Gehalt aus dem Bilde heraus und gibt ihm Worte und findet den Grund, warum es so und nicht anders ist.»

Will man das Verhältnis der Mystik zu mythischen Erzählungen kennenlernen, so muß man sehen, wie die Weltanschauung derjenigen sich zum Mythischen verhält, die sich mit ihrer Weisheit im Einklang wissen mit der Vorstellungsart des Mysterienwesens. Ein solcher Einklang ist im vollsten Maße bei *Plato* vorhanden. Wie er Mythen auslegt und wie er sie innerhalb seiner Darstellung verwendet, kann als maßgebend gelten (vgl. S. 64 f.). Im «Phädrus», einem Gespräche über die Seele, wird der Mythus von Boreas angeführt. Dieses göttliche Wesen, das in dem einherbrausenden Winde gesehen wurde, erblickte einst die schöne Orithya, die Tochter des attischen Königs Erechtheus, die mit ihren Gespielinnen Blumen pflückte.

Er wurde von Liebe zu ihr ergriffen, raubte sie und brachte sie in scine Grotte. Plato läßt in dem Gespräch den Sokrates eine rein verstandesmäßige Auslegung dieses Mythus zurückweisen. Darnach soll eine ganz äußerliche, natürliche Tatsache symbolisch in der Erzählung dichterisch ausgesprochen sein. Der Sturmwind soll die Königstochter erfaßt und von dem Felsen hinabgeschleudert haben. «Derartige Deutungen», sagt Sokrates, «sind gelehrte Klügeleien, so beliebt und gewöhnlich sie heutzutage auch sein mögen. ... Denn wer eine dieser mythologischen Gestalten zersetzt hat, der muß der Konsequenz wegen auch alle übrigen in derselben Weise zweifelnd beleuchten und natürlich zu erklären wissen. ... Aber selbst wenn eine solche Arbeit zu Ende gebracht werden könnte: unter allen Fällen würde sie auf seiten dessen, der sie vollführt, keine glückliche Begabung, sondern nur einen gefälligen Witz beweisen, eine bäuerische Weisheit und eine lächerliche Voreiligkeit. ... Deswegen lasse ich solche Untersuchungen fahren und glaube, was allgemein davon gehalten wird. Nicht sie untersuche ich, wie ich eben schon sagte, sondern *mich selber,* ob ich nicht etwa auch ein Ungeheuer bin, mannigfacher gestaltet und infolgedessen verworrener als eine Chimäre, wilder als Typhon, oder ob ich ein zahmeres und einfacheres Wesen darstelle, dem ein Teil sittsamer und göttlicher Natur verliehen worden ist.» Was Plato nicht billigt, ersieht man daraus: eine verstandesmäßige, rationalistische Deutung der Mythen. Das muß man zusammenhalten mit der Art, wie er selbst Mythen verwendet, um durch sie sich auszusprechen. Da, wo er von dem Leben der Seele spricht, wo er die Pfade des Vergänglichen verläßt und das Ewige in der Seele aufsucht, wo also die Vorstellungen nicht mehr vorhanden sind, die sich an das sinnliche Wahrnehmen und an das verstandesmäßige Denken anlehnen, da bedient sich Plato des Mythus. Von dem Ewigen in der Seele redet der «Phädrus». Da wird denn die Seele dargestellt als ein Gespann, das zwei nach allen Seiten mit Flügeln versehene Pferde hat und einen Führer. Das eine der Pferde ist geduldig und weise, das andere störrig und wild. Kommt dem Gespann ein Hindernis in den Weg, so benützt dies das störrige Pferd, um das gute in seinem Willen zu behindern und dem Führer Trotz zu bieten. Wenn das Gespann da anlangt, wo es den Göttern auf dem Rücken des Himmels nachfolgen soll, da bringt das schlechte Pferd das Gespann in Unordnung. Von der Gewalt, welche es hat, hängt es ab, ob es von dem guten Pferde überwunden werden und das Gespann sich über das Hindernis in das Reich des Übersinnlichen begeben kann. So geschieht es also der Seele, daß sie nie ganz ungestört sich in das Reich des Göttlichen erheben kann. Einige Seelen erheben sich zu dieser Ewigkeitsschau mehr, die anderen weniger. Die Seele, welche das Jenseits geschaut hat, die bleibt unversehrt bis zum nächsten Umzuge; diejenige, welche – wegen des wilden Pferdes – nichts geschaut hat, die muß es mit einem neuen Umzuge versuchen. Mit diesen Umzügen sind die verschiedenen Seelenverkörperungen gemeint. Ein Umzug bedeutet das Leben der Seele in einer Persönlichkeit. Das wilde Pferd stellt die niedere, das weise Pferd die höhere Natur, der Führer die sich nach Vergöttlichung sehnende Seele dar. Plato greift zum Mythus, um den Weg der ewigen Seele durch die verschiedenen Wandlungen hindurch darzustellen. In gleicher Weise wird, um das Innere des Menschen, das Nicht-Sinnlich-Wahrnehmbare, darzustellen, in andern platonischen Schriften zum Mythus, zur symbolischen Erzählung gegriffen.

Plato befindet sich da völlig im Einklange mit der mythischen und gleichnisartigen Ausdrucksweise anderer. In der altindischen Literatur findet sich ein Gleichnis, das dem Buddha zugeschrieben wird. Ein am Leben hängender Mann, der um keinen Preis sterben will, der die Sinnenlust sucht, wird von vier Schlangen verfolgt. Er hört eine Stimme, die ihm befiehlt, die vier Schlangen von Zeit zu Zeit zu füttern, zu baden. Der Mann lief aus Furcht vor den bösen Schlangen davon. Er hört wieder eine Stimme. Die macht ihn auf fünf Mörder aufmerksam, die hinter ihm her sind. Abermals läuft der Mann davon. Eine Stimme macht ihn auf einen sechsten Mörder aufmerksam, der ihm den Kopf abschlagen will mit einem gezückten Schwert. Wieder flüchtet der Mann. Er kommt in ein menschenleeres Dorf. Er hört eine Stimme, die ihm sagt, daß baldigst Diebe das Dorf plündern werden. Als der Mann weiter flieht, kommt er an eine große Wasserflut. Er fühlt sich am diesseitigen Ufer nicht sicher; aus Strohhalmen, Hölzern und Blättern macht er sich einen Korb; in ihm kommt er ans andere Ufer. Jetzt ist er in Sicherheit; er ist Brahmane. Der Sinn dieser Gleichniserzählung ist: Der Mensch muß durch die verschiedensten Zustände hindurchgehen, bis er zum Göttlichen kommt. In den vier Schlangen sind die vier Elemente: Feuer, Wasser, Erde, Luft zu sehen. In den fünf Mördern die fünf Sinne. Das menschenleere Dorf ist die Seele, die den Eindrücken der Sinne entflohen ist, aber auch noch nicht sicher ist, wenn sie mit sich allein ist. Ergreift sie in ihrem Innern nur ihre niedere

Natur, so muß sie zugrunde gehen. Der Mensch muß sich den Kahn zusammenfügen, der ihn über die Flut der Vergänglichkeit von dem einen Ufer, der sinnlichen Natur, zu dem andern, der ewig-göttlichen, trägt.

Man betrachte in diesem Lichte das ägyptische Osirismysterium. Osiris war allmählich zu einer der wichtigsten ägyptischen Gottheiten geworden. Die Vorstellung von ihm verdrängte andere, bei gewissen Volksteilen vorhandene Göttervorstellungen. Um Osiris und seine Gemahlin Isis hat sich nun ein bedeutungsvoller Mythenkreis gebildet. Osiris war der Sohn des Sonnengottes, sein Bruder war Typhon-Set, seine Schwester Isis. Osiris heiratete seine Schwester. Er regierte mit ihr über Ägypten. Der böse Bruder Typhon sann darauf, Osiris zu vernichten. Er ließ einen Kasten verfertigen, der genau die Leibeslänge des Osiris hatte. Bei einem Gastmahle wurde der Kasten demjenigen zum Geschenk angeboten, der genau hineinpaßte. Keinem außer Osiris gelang das. Er legte sich hinein. Da stürzten sich Typhon und seine Genossen auf Osiris, schlossen den Kasten zu und warfen ihn in den Strom. Als Isis das Furchtbare vernahm, schweifte sie verzweifelnd überall umher, um den Leichnam des Gatten zu suchen. Als sie ihn gefunden hatte, brachte ihn Typhon neuerdings in seine Gewalt. Er zerriß ihn in vierzehn Stücke, die in die verschiedensten Gegenden verstreut wurden. Verschiedene Osirisgräber wurden in Ägypten gezeigt. Da und dort, an vielen Orten, sollten Teile des Gottes bestattet sein. Osiris selbst aber entstieg der Unterwelt, besiegte den Typhon; und es beschien ein Strahl von ihm die Isis, welche dadurch den Sohn, Harpokrates oder Horus, gebar.

Und nun vergleiche man mit diesem Mythus die Weltauffassung des griechischen Philosophen Empedokles (490 bis 430 v. Chr.). Er nimmt an, daß das eine Urwesen einst in die vier Elemente Feuer, Wasser, Erde und Luft oder in die Vielheit des Seienden zerrissen worden ist. Er stellt zwei Mächte einander gegenüber, welche das Werden und Vergehen innerhalb dieser Welt des Seienden bewirken, die Liebe und den Streit. Von den Elementen sagt Empedokles:

Sie selbst bleiben dieselben, doch durcheinander verlaufend
Werden sie Menschen und all' die unzähligen anderen Wesen,
Jetzt in der *Liebe* Gewalt sich zu einem *Gebilde* versammelnd;
Jetzo durch *Haß* und *Streit* sich als einzelne wieder verstreuend.

Was sind also die Dinge der Welt vom Standpunkte des Empedokles? Es sind die verschieden gemischten Elemente. Sie konnten nur entstehen dadurch, daß das Ur-Eine zerrissen worden ist in die vier Wesenheiten. Dieses Ur-Eine ist also in die Elemente der Welt ausgegossen. Tritt uns ein Ding entgegen, so ist es eines Teiles der ausgegossenen Gottheit teilhaftig. Aber diese Gottheit ist in ihm verborgen. Sie hat erst sterben müssen, damit die Dinge entstehen konnten. Und diese Dinge, was sind sie? Mischungen der Gottesbestandteile, bewirkt in ihrer Struktur durch *Liebe* und *Haß*. Deutlich sagt das Empedokles:

Hier zum klaren Beweise den Bau aus menschlichen Gliedern,
Wie durch Liebe sich jetzt in Eins die Stoffe verbinden
Alle, so viele der Körper besitzt in der Blüte des Daseins;
Dann, in verderblichem Hader und Streit auseinandergerissen,
Irren sie wiederum einzeln umher am Rande des Lebens.
Ebenso ist's bei den Sträuchern und wasserbewohnenden Fischen
Und bei dem Wild des Gebirgs und den flügelgetragenen Schifflein.

Es kann nur des Empedokles Ansicht sein, daß der Weise die in der Welt verzauberte, in Liebe und Haß verschlungene göttliche Ur-Einheit wieder findet. Wenn aber der Mensch das Göttliche findet, muß er selbst ein Göttliches sein. Denn Empedokles steht auf dem Standpunkte, daß Gleiches nur durch Gleiches erkannt werde. *Seine* Erkenntnisüberzeugung drückt Goethes Spruch aus:

> Wär' nicht das Auge sonnenhaft,
> Wie könnten wir das Licht erblicken?
> Lebt' nicht in uns des Gottes eigene Kraft
> Wie könnt' uns Göttliches entzücken?

Diese Gedanken über die Welt und den Menschen, die über die Sinneserfahrung hinausgehen, konnte der Myste in dem Osiris-Mythus finden. Die göttliche Schöpferkraft ist in die Welt ergossen. Sie erscheint als die vier Elemente. Gott (Osiris) ist getötet. Der Mensch mit seiner Erkenntnis, die göttlicher Art ist, soll ihn wieder erwecken; er soll ihn als Horus (Gottessohn, Logos, Weisheit) wiederfinden in dem Gegensatz zwischen Streit (Typhon) und Liebe (Isis). In griechischer Form spricht Empedokles selbst seine Grundüberzeugung mit den Vorstellungen aus, die an den Mythus anklingen. *Liebe* ist Aphrodite; *Neikos* der Streit. Sie binden und lösen die Elemente. –

Die Darstellung eines Mytheninhaltes in einem Stile, wie er hier beobachtet wird, darf nicht mit einer bloß symbolischen oder gar allegorischen Ausdeutung der Mythen verwechselt werden. Eine solche ist hier nicht gemeint. Die Bilder, welche den Inhalt des Mythus ausmachen, sind nicht erfundene Symbole für abstrakte Wahrheiten, sondern wirkliche seelische Erlebnisse des Eingeweihten. Dieser erlebt die Bilder mit den geistigen Wahrnehmungsorganen, wie der normale Mensch die Vorstellungen erlebt von den sinnlichen Dingen mit den Augen und Ohren. So wenig aber eine Vorstellung für sich etwas ist, wenn sie nicht in der Wahrnehmung durch den äußeren Gegenstand erregt wird, so wenig ist das mythische Bild etwas ohne die Erregung durch die wirklichen Tatsachen der geistigen Welt. Nur steht in bezug auf die Sinneswelt der Mensch zunächst außerhalb der erregenden Dinge; während er die Mythenbilder nur erleben kann, wenn er innerhalb der entsprechenden geistigen Vorgänge steht. Um aber innerhalb zu stehen, muß er, nach alter Mysten-Meinung, durch die Einweihung gegangen sein. Die geistigen Vorgänge, in welchen er schaut, sind durch die Mythenbilder dann gleichsam illustriert. Wer nicht als solche *Illustration* der wahren geistigen Vorgänge das Mythische zu nehmen vermag, ist noch nicht zum Verständnisse vorgedrungen. Denn die geistigen Vorgänge selbst sind *übersinnlich;* und Bilder, die in ihrem Inhalt an die Sinneswelt erinnern, sind nicht selbst geistig, sondern eben nur eine Illustration des Geistigen. Wer bloß in den Bildern lebt, der träumt; wer es dahin gebracht hat, so das Geistige im Bild zu empfinden, wie man in der Sinneswelt die Rose empfindet durch die Vorstellung der Rose, der erst lebt in geistigen Wahrnehmungen. Es liegt hier auch der Grund, warum die Bilder der Mythen nicht eindeutig sein können. Wegen ihres Charakters als Illustrationen können dieselben Mythen verschiedene geistige Tatsachen ausdrücken. Es ist deshalb auch kein Widerspruch, wenn Mythenerklärer einen Mythus einmal auf diese, ein andermal auf eine andere geistige Tatsache beziehen.

Man kann von diesem Gesichtspunkte aus einen Faden durch die mannigfaltigen griechischen Mythen finden. Man betrachte die Herakles-Sage. Die zwölf Arbeiten, die Herakles auferlegt werden, erscheinen in einem höheren Lichte, wenn man bedenkt, daß er sich vor der letzten, der schwersten, in die eleusinischen Mysterien einweihen läßt. Er soll, im Auftrage des Königs Eurystheus von Mykene, den Höllenhund Cerberos aus der Unterwelt holen und ihn wieder hinabbringen. Um einen Gang in die Unterwelt unternehmen zu können, muß Herakles eingeweiht sein. Die Mysterien führten den Menschen durch den Tod des Vergänglichen, also in die Unterwelt; und sie wollten durch die Einweihung sein Ewiges vor dem Untergang retten. Er konnte als Myste den Tod überwinden. Herakles überwindet die Gefahren der Unterwelt als Myste. Das berechtigt, auch seine anderen Taten als innere Entwicklungsstufen der Seele zu deuten. Er überwindet den nemeïschen Löwen und bringt ihn nach Mykene. Das heißt, er macht sich zum Herrscher der rein physischen Kraft im Menschen; er bändigt diese. Er tötet weiter die neunköpfige Hydra. Er überwindet sie mit Feuerbränden und taucht in ihre Galle seine Pfeile, so daß sie unfehlbar werden. Das heißt, er überwindet niedere Wissenschaft, das Sinneswissen durch das Feuer des Geistes und nimmt aus dem, was er an diesem niederen Wissen gewonnen hat, die Kraft, um das Niedere in dem Lichte zu sehen, das dem geistigen Auge eignet. Herakles fängt die Hirschkuh der Artemis. Diese ist die Göttin der Jagd. Was die freie Natur der Menschenseele bieten kann, das erjagt sich Herakles. Ebenso können die anderen Arbeiten gedeutet werden. Es kann hier nicht jedem Zuge nachgegangen werden; und nur wie der Sinn im allgemeinen auf die innere Entwicklung hindeutet, das sollte dargestellt werden.

Eine ähnliche Deutung ist für den Argonautenzug möglich. Phrixus und seine Schwester Helle, die Kinder eines böotischen Königs, litten viel von ihrer Stiefmutter. Die Götter sandten ihnen einen Widder mit einem goldenen Fell (Vlies), der sie durch die Lüfte davontrug. Als sie über die Meerenge zwischen Europa und Asien kamen, ertrank Helle. Die Meerenge heißt daher Hellespont. Phrixus gelangte zum Könige von Kolchis, am östlichen Ufer des Schwarzen Meeres. Er opferte den Widder den Göttern und schenkte das Vlies dem Könige Aëtes. Dieser ließ es in einem Haine aufhängen und von einem furchtbaren Drachen bewachen. Der griechische Held Jason unternahm es, im Verein mit andern Helden, Herakles, Theseus, Orpheus, das Vlies aus Kolchis zu holen. Es wurden ihm behufs Erlangung des Schatzes von Aëtes schwere Arbeiten aufgetragen. Aber Medea, die zauberkundige Tochter des Königs, unterstützte ihn. Er bändigte zwei feuerschnaubende Stiere, er pflügte einen Acker und säte Drachenzähne, so daß geharnischte Männer aus der Erde hervorwuchsen. Auf Medeas Rat warf er einen Stein unter die Männer, worauf sie sich gegenseitig mordeten. Durch ein Zaubermittel der Medea schläfert Jason den Drachen ein und kann dann das Vlies gewinnen. Er tritt mit demselben die Rückfahrt nach Griechenland an. Medea begleitet ihn als seine Gattin. Der König eilt den Flüchtenden nach. Medea tötet, um ihn aufzuhalten, ihr Brüderchen Absyrtus und streut die Glieder ins Meer. Aëtes wird durch das Einsammeln aufgehalten. So konnten die beiden mit dem Vlies Jasons Heimat erreichen. – Jede einzelne Tatsache fordert da eine tiefere Sinnerklärung heraus. Das Vlies ist etwas, das zum Menschen gehört, das ihm unendlich wertvoll ist; das in der Vorzeit von ihm getrennt worden ist und dessen Wiedererlangung an die Überwindung furchtbarer Mächte geknüpft ist. So ist es mit dem Ewigen in der Menschenseele. Es gehört zum Menschen. Aber dieser findet sich getrennt von ihm. Seine niedere Natur trennt ihn davon. Nur wenn er diese überwindet, einschläfert, dann kann er es wieder erlangen. Es ist ihm möglich, wenn ihm das eigene Bewußtsein (Medea) mit seiner Zauberkraft zu Hilfe kommt. Für Jason wird Medea, was für Sokrates die Diotime, als Lehrmeisterin der Liebe, wurde (vgl. S. 71). Die eigene Weisheit des Menschen hat die Zauberkraft, um das Göttliche nach Überwindung des Vergänglichen zu erlangen. Aus der niederen Natur kann nur ein Menschlich-Niederes hervorgehen, die geharnischten Männer, die durch die Kraft des Geistigen, den Rat der Medea, überwunden werden. Auch wenn der Mensch schon sein Ewiges, das Vlies, gefunden hat, ist er noch nicht in Sicherheit. Er muß einen Teil seines Bewußtseins (Absyrtus) opfern. Dies fordert die Sinnenwelt, die wir nur als eine mannigfaltige (zerstückelte) begreifen können. Man könnte für alles dieses noch tiefer in die Schilderung der hinter den Bildern liegenden geistigen Vorgänge eingehen; doch sollte hier nur das Prinzip der Mythenbildung angedeutet werden.

Von besonderm Interesse, im Sinne einer solchen Deutung, ist die Prometheus-Sage. Prometheus und Epimetheus sind Söhne des Titanen Japetos. Die Titanen sind Kinder der ältesten Göttergeneration, des Uranos (Himmel) und der Gäa (Erde). Kronos, der jüngste der Titanen, hat seinen Vater vom Throne gestoßen und die Weltherrschaft an sich gerissen. Dafür wurde er nebst den übrigen Titanen von seinem Sohne Zeus überwältigt. Und Zeus wurde der oberste der Götter. Prometheus stand im Titanenkampfe auf der Seite des Zeus. Auf seinen Rat hat Zeus die Titanen in die Unterwelt verbannt. Aber in Prometheus lebte doch die Gesinnung der Titanen fort. Er war dem Zeus nur halber Freund. Als dieser die Menschen verderben wollte wegen ihres Übermutes, da nahm sich Prometheus ihrer an, lehrte sie die Kunst der Zahlen und der Schrift und anderes, was zur Kultur führt, namentlich den Gebrauch des Feuers. Darob zürnte Zeus dem Prometheus. Hephaistos, der Sohn des Zeus, mußte ein Frauenbild von großer Schönheit bilden, das die Götter mit allen nur möglichen Gaben schmückten. Pandora hieß die Frau: die Allbegabte. Hermes, der Götterbote, brachte sie zu Epimetheus, dem Bruder des Prometheus. Sie brachte diesem ein Kästchen, als Geschenk der Götter. Epimetheus nahm das Geschenk an, trotzdem ihm Prometheus geraten hatte, auf keinen Fall ein Geschenk von den Göttern anzunehmen. Als das Kästchen geöffnet wurde, flogen alle möglichen menschlichen Plagen heraus. Darinnen blieb nur die Hoffnung, und zwar darum, weil Pandora den Deckel schnell verschloß. Die Hoffnung ist also als zweifelhaftes Göttergeschenk geblieben. – Prometheus wurde auf des Zeus Befehl wegen seines Verhältnisses zu den Menschen an einen Felsen im Kaukasus geschmiedet. Ein Adler frißt beständig an seiner Leber, die sich immer wieder ersetzt. In quälendster Einsamkeit muß Prometheus seine Tage verbringen, bis einer der Götter freiwillig sich opfert, d. h. sich dem Tode weiht. Der Gequälte erträgt sein Leid als standhafter Dulder. Ihm ward kund, daß Zeus durch den Sohn einer Sterblichen werde entthront werden, wenn er sich nicht mit dieser Sterblichen vermählen werde. Dem Zeus war es wichtig, dieses Geheimnis zu kennen; er sandte den Götterboten Hermes zu Prometheus, um darüber etwas zu erfahren. Dieser verweigerte jede Auskunft. – Die Herakles-Sage ist mit der Prometheus-Sage verknüpft. Herakles kommt auf seinen Wanderungen auch an den Kaukasus. Er erlegte den Adler, der des Prometheus Leber verzehrte. Der Zentaur Chiron, der, obwohl an einer unheilbaren Wunde leidend, doch nicht sterben kann, opfert sich für Prometheus. Dieser wird dann mit den Göttern versöhnt.

Die Titanen sind die Kraft des Willens, die als Natur (Kronos) aus dem ursprünglichen Weltgeist (Uranos) hervorgeht. Dabei hat man nicht etwa bloß an Willenskräfte in abstrakter Form zu denken, sondern an wirkliche Willenswesen. Zu ihnen gehört Prometheus. Damit ist sein Wesen charakterisiert. Aber er ist nicht ganz Titane. Er hält es in gewissem Sinne mit Zeus, dem Geiste, der die Weltherrschaft antritt, nachdem die ungebändigte Naturkraft (Kronos) gebändigt ist. Prometheus ist also Repräsentant jener Welten, welche dem Menschen das Vorwärtsdrängende, das halb Natur-, halb Geisteskraft ist, den Willen, gegeben haben. Der Wille weist auf der einen Seite zum Guten, auf der andern zum Bösen. Je nachdem er zum Geistigen neigt oder zum Vergänglichen, gestaltet sich sein Schicksal. Dieses Schicksal ist das Schicksal des Menschen selbst. Der Mensch ist an das Vergängliche geschmiedet. An ihm nagt der Adler. Er muß dulden. Er kann Höchstes nur erreichen, wenn er in der Einsamkeit sein Schicksal sucht. Er hat ein Geheimnis. Es besteht darinnen, daß das Göttliche (Zeus) sich mit einer Sterblichen, dem an den physischen Leib gebundenen menschlichen Bewußtsein selbst, vermählen muß, um einen Sohn, die Gott erlösende menschliche Weisheit (den Logos), zu gebären.

Dadurch *wird* das Bewußtsein unsterblich. Er darf dieses Geheimnis nicht verraten, bis ein Myste (Herakles) an ihn herantritt und die Gewalt beseitigt, die ihn fortwährend mit dem Tode bedroht. Ein Wesen, halb Tier, halb Mensch, ein Zentaur, muß sich opfern, um den Menschen zu erlösen. Der Zentaur ist der Mensch selbst, der halb tierische, halb geistige Mensch. Er muß sterben, damit der rein geistige Mensch erlöst werde. Was Prometheus, der menschliche Wille, verschmäht, das nimmt Epimetheus, der Verstand, die Klugheit. Aber die Gaben, die dem Epimetheus dargereicht werden, sind nur Leiden und Plagen. Denn der Verstand haftet ja an dem Nichtigen, dem Vergänglichen. Und nur eines bleibt – die Hoffnung, daß auch aus dem Vergänglichen einmal werde das Ewige geboren werden. –

Der Faden, der durch die Argonauten-, die Herakles- und die Prometheus-Sage führt, bewährt sich auch bei der Odysseus-Dichtung Homers. Man kann die Anwendung der Auslegungsweise hier gezwungen finden. Doch bei näherer Erwägung alles in Betracht Kommenden müssen selbst dem stärksten Zweifler an solchen Auslegungen alle Bedenken schwinden. Vor allen Dingen muß die Tatsache überraschen, daß auch von Odysseus erzählt wird, daß er in die Unterwelt hinabgestiegen ist. Man mag über den Dichter der Odyssee im übrigen denken, wie man will: unmöglich kann man ihm zuschreiben, daß er einen Sterblichen in die Unterwelt steigen läßt, ohne damit ihn in ein Verhältnis zu dem zu bringen, was innerhalb der griechischen Weltanschauung der Gang in die Unterwelt bedeutete. Er bedeutete aber die Überwindung des Vergänglichen und die Auferweckung des Ewigen in der Seele. Daß Odysseus solches vollbracht hat, muß also zugegeben werden. Und damit gewinnen seine Erlebnisse ebenso wie diejenigen des Herakles eine tiefere Bedeutung. Sie werden zu einer Schilderung eines Nicht-Sinnlichen, des Entwicklungsganges der Seele. Dazu kommt, daß in der Odyssee nicht so erzählt wird, wie das ein äußerer Tatsachenverlauf verlangt. Auf Wunderschiffen legt der Held Fahrten zurück. Mit den tatsächlichen geographischen Entfernungen wird in der willkürlichsten Weise umgesprungen. Es kann eben gar nicht auf das Sinnlich-Wirkliche ankommen. Das wird verständlich, wenn die sinnlich-wirklichen Vorgänge nur erzählt werden, um eine Geistesentwicklung zu illustrieren. Außerdem sagt ja der Dichter selbst im Eingange des Werkes, daß es sich um das Suchen nach der *Seele* handelt:

Sage mir, Muse, vom Manne, dem vielgewandten, der vielfach
Umgeirrt, nachdem er die heilige Troja zerstöret:
Vieler Menschen Städte gesehn, und Sitte gelernt hat,
Auch so viel im Meere der kränkenden Leiden erduldet,
Strebend zugleich für die *eigene Seel'* und der Freunde Zurückkunft.

Einen Mann, der die Seele, das Göttliche, sucht, hat man vor sich; und die Irrfahrten nach diesem Göttlichen werden erzählt. – Er kommt nach dem Lande der Zyklopen. Das sind ungeschlachte Riesen mit einem Auge auf der Stirn. Der fürchterlichste, Polyphem, verschlingt mehrere Gefährten. Odysseus rettet sich, indem er den Zyklopen blendet. Man hat es mit der ersten Station der Lebenspilgerschaft zu tun. Die physische Gewalt, die niedere Natur muß überwunden werden. Wer ihr die Kraft nicht nimmt, sie nicht blendet, wird von ihr verschlungen. – Odysseus gelangt dann auf die Insel der Zauberin Circe. Sie verwandelt einige seiner Gefährten in grunzende

Schweine. Sie wird auch von ihm bezwungen. Circe ist die niedere Geisteskraft, dic am Vergänglichen hängt. Sie kann den Menschen durch Mißbrauch nur noch tiefer in die Tierheit hinabstoßen. – Odysseus muß sie überwinden. Dann kann er in die Unterwelt hinabsteigen. Er wird Myste. Nun ist er den Gefahren ausgesetzt, denen der Myste beim Aufstieg von den niederen zu den hoeheren Graden der Einweihung ausgesetzt ist. Er gelangt zu den Sirenen, die den Vorüberfahrenden durch süße Zauberklänge in den Tod locken. Das sind die Gebilde der niederen Phantasie, denen der zunächst nachjagt, der sich von dem Sinnlichen freigemacht hat. Er hat es bis zum frei schaffenden, aber nicht bis zum eingeweihten Geiste gebracht. Er jagt Wahngebilden nach, von deren Gewalt er sich befreien muß. – Odysseus muß die grauenvolle Durchfahrt zwischen Szylla und Charybdis vollziehen. Der angehende Myste schwankt hin und her zwischen Geist und Sinnlichkeit. Er kann noch nicht den vollen Wert des Geistes erfassen; aber die Sinnlichkeit hat doch auch schon den früheren Wert verloren. Ein Schiffbruch bringt alle Gefährten Odysseus' ums Leben; er allein rettet sich zu der Nymphe Kalypso, die ihn freundlich aufnimmt und *sieben* Jahre pflegt. Endlich entläßt sie ihn auf des Zeus Befehl in die Heimat. Der Myste ist auf einer Stufe angekommen, auf der, außer dem Würdigen, Odysseus allein, alle Mitstrebenden scheitern. Dieser Würdige aber genießt eine Zeitlang, die durch die mystisch-symbolische Zahl *sieben* bestimmt wird, die Ruhe allmählicher Einweihung. – Noch bevor Odysseus in der Heimat anlangt, kommt er auf die Insel der Phäaken. Hier findet er gastliche Aufnahme. Die Tochter des Königs schenkt ihm ihre Teilnahme; und der König Alkinous selbst bewirtet ihn und ehrt ihn. Noch einmal tritt an Odysseus die Welt heran mit ihren Freuden; und der Geist, der an der Welt hängt (Nausikaa), erwacht in ihm. Aber er findet den Weg nach der Heimat, nach dem Göttlichen. In seinem Hause erwartet ihn zunächst nichts Gutes. Seine Gemahlin Penelope ist von einer zahlreichen Freierschar umgeben. Sie verspricht einem jeden die Heirat, wenn sie ein bestimmtes Gewebe fertig habe. Sie entgeht der Einhaltung ihres Versprechens dadurch, daß sie stets in der Nacht wieder auflöst, was sie bei Tag gewebt hat. Die Freier müssen von Odysseus überwunden werden, damit er wieder in Ruhe mit seiner Gattin vereint sein könne. Die Göttin Athene verwandelt ihn in einen Bettler, damit er bei seinem Eintritte zunächst nicht erkannt werde. So überwindet er die Freier. – Das eigene tiefere Bewußtsein, die göttlichen Kräfte der Seele sucht Odysseus. Mit ihnen will er vereint sein. Ehe sie der Myste findet, muß er alles überwinden, was als Freier sich um die Gunst dieses Bewußtseins bewirbt. Es ist die Welt der niederen Wirklichkeit, die vergängliche Natur, aus welcher die Schar dieser Freier stammt. Die Logik, die man an sie wendet, ist ein Gespinst, das sich immer wieder auflöst, wenn man es gesponnen hat. Die Weisheit (die Göttin Athene) ist die sichere Führerin zu den tiefsten Seelenkräften. Sie verwandelt den Menschen in einen Bettler, d. i. sie entkleidet ihn alles dessen, was aus der Vergänglichkeit stammt. –

Ganz in die Mysterienweisheit getaucht erscheinen die eleusinischen Feste, welche zu Ehren der Demeter und des Dionysos in Griechenland gefeiert wurden. Eine heilige Straße führte von Athen nach Eleusis. Sie war mit geheimnisvollen Zeichen besetzt, welche die Seele in eine erhabene

Stimmung bringen konnten. In Eleusis waren geheimnisvolle Tempelgebäude, deren Dienst von Priesterfamilien besorgt wurde. Die Würde und die Weisheit, an die die Würde gebunden war, erbten sich in den Priesterfamilien von Generation zu Generation fort. (Über die Einrichtung dieser Stätten findet man belehrende Aufschlüsse in den «Ergänzungen zu den letzten Untersuchungen auf der Akropolis in Athen» von Karl Bötticher. Philologus. Suppl. Bd. 3, Heft 3.) Die Weisheit, welche befähigte, hier den Dienst zu tun, war die griechische Mysterienweisheit. Die Feste, die zweimal im Jahre gefeiert wurden, boten das große Weltdrama von dem Schicksal des Göttlichen in der Welt und dem der Menschenseele. Die kleinen Mysterien wurden im Februar, die großen im September begangen. Mit den Festen waren Einweihungen verbunden. Die symbolische Darstellung des Welt- und Menschendramas bildete den Schlußakt der Mystenweihen, die hier vorgenommen wurden. Der Göttin Demeter zu Ehren sind ja die eleusinischen Tempel errichtet worden. Sie ist eine Tochter des Kronos. Dem Zeus hatte sie, vor dessen Vermählung mit Hera, eine Tochter, Persephone, geboren. Diese war einst beim Spiel von Pluto, dem Gott der Unterwelt, geraubt worden. Demeter durcheilte wehklagend die weite Erde, sie zu suchen. In Eleusis wurde sie auf einem Stein sitzend von den Töchtern des Keleus, eines Gebieters von Eleusis, gefunden. Sie trat in Gestalt einer alten Frau in den Dienst der Familie des Keleus, zur Pflege des Sohnes der Gebieterin. Sie wollte diesem Sohne die Unsterblichkeit geben. Deshalb verbarg sie ihn jede Nacht im Feuer. Als die Mutter das einmal gewahrte, da weinte und wehklagte sie. Die Erteilung der Unsterblichkeit war fortan unmöglich. Demeter verließ das Haus. Keleus erbaute einen Tempel. Die Trauer der Demeter um Persephone war unendlich groß. Sie ließ Unfruchtbarkeit über die Erde kommen. Die Götter mußten sie versöhnen, wenn nicht Furchtbares geschehen sollte. Da wurde Pluto von Zeus bewogen, die Persephone wieder in die Oberwelt zu entlassen. Vorher aber gab ihr der Gott der Unterwelt noch einen Granatapfel zu essen. Dadurch war sie gezwungen, doch immer und immer wieder periodenweise in die Unterwelt hinabzusteigen. Ein Dritteil des Jahres verbrachte sie fortan in der Unter-, zwei Dritteile in der Oberwelt. Demeter war versöhnt; sie kehrte zum Olymp zurück. In Eleusis aber, der Stätte ihrer Angst, stiftete sie den Festdienst, der fortan immer an ihr Schicksal erinnern sollte.

Unschwer erkennt man den Sinn des Demeter-Persephone-Mythus. Was abwechselnd in der Unter- und der Oberwelt ist, das ist die Seele. Die Ewigkeit der Seele und deren ewige Verwandlung durch Geburt und Tod hindurch wird im Bilde dargestellt. Vom Unsterblichen, der Demeter, stammt die Seele. Sie ist aber von dem Vergänglichen entführt, und selbst zur Anteilnahme an dem Schicksal der Vergänglichkeit bestimmt worden. Sie hat von der Frucht in der Unterwelt genossen: die menschliche Seele ist mit dem Vergänglichen gesättigt; sie kann daher nicht dauernd in den Höhen des Göttlichen wohnen. Sie muß immer wieder zurück ins Reich der Vergänglichkeit. Demeter ist die Repräsentantin jenes Wesens, aus dem das menschliche Bewußtsein entsprungen ist; aber es muß dieses Bewußtsein dabei so gedacht werden, wie es durch die geistigen Kräfte der Erde hat entstehen können. Demeter ist also die Urwesenheit der Erde; und die Begabung der Erde mit den Samenkräften der Feldfrüchte durch sie deutet nur auf eine noch tiefere Seite ihres Wesens hin. Dieses Wesen will dem Menschen die Unsterblichkeit geben. Demeter verbirgt des Nachts ihren Pflegling im Feuer. Aber der Mensch kann die reine Gewalt des Feuers (des Geistes) nicht ertragen. Demeter muß davon ablassen. Sie kann nur einen Tempeldienst stiften, durch den der Mensch, soweit er es vermag, des Göttlichen teilhaftig werden kann.

Die eleusinischen Feste waren ein laut sprechendes Bekenntnis des Glaubens an die Ewigkeit der Menschenseele. Dieses Bekenntnis fand in dem Persephone-Mythus seinen bildhaften Ausdruck. Zusammen mit Demeter und Persephone wurde in Eleusis Dionysos gefeiert. Wie in Demeter die göttliche Schöpferin des Ewigen im Menschen, so wurde in Dionysos das ewig in der ganzen Welt sich wandelnde Göttliche verehrt. Der Gott, der in die Welt ausgegossen, zerstückelt worden ist, um geistig wieder geboren zu werden (vgl. S. 72 f.), mußte mit der Demeter zusammen gefeiert werden. (Eine glänzende Darstellung des Geistes der eleusinischen Mysterien findet man in dem Buche: Sanctuaires d'Orient von Edouard Schuré. Paris 1898.) –

«Wenn du, vom Leibe befreit, zum freien Äther emporsteigst, wirst ein unsterblicher Gott du sein, dem Tode entronnen.» In diesem Ausspruch des Empedokles erscheint, wie kurz zusammengefaßt, was die alten Ägypter über das Ewige im Menschen und seinen Zusammenhang mit dem Göttlichen gedacht haben. Dafür ist ein Beweis das sogenannte «Totenbuch», das der Fleiß der Forscher im neunzehnten Jahrhundert entziffert hat. (Vgl. Lepsius: Das Totenbuch der alten Ägypter. Berlin 1842.) Es ist «das größte zusammenhängende Literaturwerk, das uns von den Ägyptern erhalten ist». Man findet darin allerlei Lehren und Gebete, die jedem Verstorbenen mit ins Grab gegeben wurden, damit er in ihnen einen Wegweiser habe, wenn er der vergänglichen Hülle entledigt ist. Die intimsten Anschauungen der Ägypter über das Ewige und die Weltentstehung sind in diesem Literaturwerke enthalten. Diese Anschauungen deuten durchaus auf Göttervorstellungen, die denen der griechischen Mystik ähnlich sind. – Osiris ist unter den verschiedenen Göttern, die in den Landesteilen Ägyptens anerkannt wurden, allmählich der vorzüglichste und allgemeinste geworden. In ihm wurden die Vorstellungen über die anderen Gottheiten zusammengefaßt. Mag nun das ägyptische Volk in seiner großen Masse was immer für Gedanken über den Osiris gehabt haben, das «Totenbuch» deutet auf eine Vorstellung der Priesterweisheit, die in Osiris eine Wesenheit sah, wie sie in der Menschenseele selbst gefunden werden konnte. – Alles, was man über den Tod und die Toten dachte, sagt das deutlich genug. Wird der Leib dem Irdischen gegeben, innerhalb des Irdischen aufbewahrt, so tritt das Ewige den Weg zum Ur-Ewigen an. Es erscheint zum Gericht vor Osiris, den zweiundvierzig Totenrichter umgeben. Das Schicksal des Ewigen im Menschen hängt davon ab, wie diese Totenrichter befinden. Hat die Seele ihr Sündenbekenntnis abgelegt, ist sie versöhnt befunden mit der ewigen Gerechtigkeit, so treten unsichtbare Mächte ihr entgegen, die zu ihr sprechen: «Der Osiris N. ward geläutert in dem Teiche, der da ist südlich vom Felde Hotep und nördlich von dem Felde der Heuschrecken, wo die Götter des Grünens sich waschen in der vierten Stunde der Nacht und in der achten des Tages mit dem Bilde des Herzens der Götter, übergehend von der Nacht zum Tage.» Also der ewige Teil des Menschen wird innerhalb der ewigen Weltordnung selbst als ein Osiris angesprochen. Nach der Bezeichnung Osiris wird der persönliche Name des Betreffenden genannt. Und auch der sich mit der ewigen Weltordnung Vereinigende bezeichnet sich selbst als «Osiris». «Ich bin der Osiris N. Wachsend unter den *Blüten des Feigenbaums* ist der Name des Osiris N.» Der Mensch wird also ein Osiris. Das Osiris-Sein ist nur eine vollkommene Entwicklungsstufe des Mensch-Seins. Es erscheint da selbstverständlich, daß auch der innerhalb der ewigen Weltordnung richtende Osiris nichts ist als ein vollkommener Mensch. Zwischen Mensch-Sein und Gott-Sein ist ein Gradunterschied und ein Unterschied in der Zahl. Es liegt hier die Mysterienanschauung vom Geheimnis der «Zahl» zugrunde. Der Osiris als Weltwesen ist Einer; in jeder Menschenseele ist er deshalb doch ungeteilt vorhanden. Jeder Mensch ist ein Osiris; und doch muß auch der Eine Osiris als eine besondere Wesenheit vorgestellt werden. Der Mensch ist in Entwicklung begriffen; und am Ende seiner Entwicklungslaufbahn liegt sein Gott-Sein. Man muß vielmehr von einer *Göttlichkeit*, nicht von einem fertigen, abgeschlossenen Gotteswesen innerhalb dieser Anschauung sprechen.

Es ist nicht zu bezweifeln, daß für eine solche Anschauung nur der wirklich in das Osiris-Dasein eintreten kann, der schon als Osiris am Tor der ewigen Weltordnung anlangt. Das höchste Leben, das der Mensch führen kann, wird also darin bestehen müssen, daß er sich zum Osiris wandelt. Im echten Menschen muß schon innerhalb des vergänglichen Lebens ein möglichst vollkommener Osiris leben. Der Mensch wird vollkommen, wenn er wie ein Osiris lebt. Wenn er durchmacht, was Osiris durchgemacht hat. Der Osiris-Mythus erhält damit seine tiefere Bedeutung. Er wird zum Vorbilde dessen, der das Ewige in sich erwecken will. Osiris ist von Typhon zerstückelt, getötet worden. Die Teile des Leichnams sind von seiner Gemahlin Isis gehegt und gepflegt worden. Er hat nach dem Tode seinen Lichtstrahl auf sie fallen lassen. Sie hat ihm den Horus geboren. Dieser Horus übernimmt die irdischen Aufgaben des Osiris. Er ist der zweite, noch unvollkommene, aber zum wahren Osiris fortschreitende Osiris. – Der wahre Osiris ist in der Menschenseele. Diese ist zunächst die vergängliche. Aber ihr Vergängliches ist bestimmt, das Ewige zu gebären. Der Mensch mag sich daher als das Grab des Osiris betrachten. Die niedere Natur (Typhon) hat die höhere in ihm getötet. Die Liebe in seiner Seele (Isis) muß die Leichenteile hegen und pflegen, dann wird die höhere Natur, die ewige Seele (Horus), geboren werden, die zum Osiris-Dasein fortschreiten kann. Den makrokosmischen Osiris-Weltprozeß muß der zum höchsten Dasein strebende Mensch in sich mikrokosmisch wiederholen. Was ist der Sinn der ägyptischen «Einweihung», der Initiation. Was Plato (vgl. S. 64 ff.) beschreibt als kosmischen Prozeß, daß der Schöpfer die Weltseele in Kreuzesform auf den Weltleib gespannt hat und daß der Weltprozeß eine Erlösung dieser ans Kreuz geschlagenen Weltenseele ist, das mußte mit dem Menschen im kleinen vorgehen, wenn er sich zum Osiris-Dasein befähigen sollte. Der Einzuweihende mußte sich so entwickeln, daß sein Seelenerlebnis, sein Osiris-Werden, mit dem kosmischen Osiris-Prozeß in Eins zusammenschmolz. Wenn wir in die Initiationstempel blicken könnten, in denen die Menschen der Osiris-Verwandlung unterzogen wurden, so würden wir sehen, daß die Vorgänge ein Welt-Werden mikrokosmisch darstellen. Der vom «Vater» stammende Mensch sollte in sich den Sohn gebären. Was er in Wirklichkeit in sich trägt, den verzauberten Gott, das sollte in ihm offenbar werden. Durch die Gewalt der irdischen Natur wird dieser Gott in ihm niedergehalten. Diese niedere Natur muß erst zu Grabe getragen werden, damit die höhere Natur auferstehen könne. Was von den Initiationsvorgängen erzählt wird, kann daraus verstanden werden. Der Mensch wurde geheimnisvollen Prozeduren unterworfen. Sein Irdisches wurde dadurch getötet, sein Höheres erweckt. Es ist nicht nötig, diese Prozeduren im einzelnen zu studieren. Man muß nur ihren Sinn verstehen. Und dieser Sinn liegt in dem Bekenntnis, das jeder ablegen konnte, der durch die Initiation gegangen ist. Er konnte sagen: «Mir schwebte vor die unendliche Perspektive, an deren Ende die Vollkommenheit des Göttlichen liegt. Ich habe gefühlt, daß die Kraft dieses Göttlichen in mir liegt. Ich habe zu Grabe getragen, was in mir diese Kraft niederhält. Ich bin abgestorben dem Irdischen. Ich war tot. Als niederer Mensch war ich gestorben; ich war in der Unterwelt. Ich habe mit den Toten verkehrt, d. h. mit denen, die schon eingefügt sind in den Ring der ewigen Weltordnung. Ich bin nach meinem Verweilen in der Unterwelt auferstanden von den Toten. Ich habe den Tod überwunden, aber nun bin ich ein anderer geworden. Ich habe nichts mehr zu tun mit der vergänglichen Natur. Diese ist bei mir durchtränkt von dem Logos. Ich gehöre nun zu denen, die ewig leben und die sitzen werden zur Rechten des Osiris. Ich werde selbst ein wahrer Osiris sein, vereinigt mit der ewigen Weltordnung, und das Urteil über Tod und Leben wird in meine Hand gegeben sein.» Dem Erlebnis mußte sich der Einzuweihende unterziehen, das ihn zu solchem Bekenntnis führen konnte. Es ist ein Erlebnis höchster Art, was so an den Menschen herantrat.

Man denke sich nun, ein Uneingeweihter hört davon, daß jemand solchen Erlebnissen unterzogen wird. Er kann nicht wissen, was in der Seele des Eingeweihten wirklich vorgegangen ist. Dieser ist für ihn physisch gestorben, er hat im Grabe gelegen und ist auferstanden. Was auf höherer Daseinsstufe geistige Wirklichkeit hat, das erscheint in den Formen der sinnlichen Wirklichkeit ausgedrückt als ein Vorgang, der die Naturordnung durchbricht. Das ist ein «Wunder». Ein solches «Wunder» war die Initiation. Wer sie wirklich verstehen wollte, der mußte in sich die Kräfte erweckt haben, um auf höheren Daseinsstufen zu stehen. Er mußte mit einem dazu schon vorbereiteten Lebenslaufe an diese höheren Erlebnisse herantreten. Mögen sich nun diese vorbereitenden Erlebnisse im Einzelleben so oder so abspielen: sie werden sich immer in eine ganz bestimmte typische Form bringen lassen. Der Lebenslauf eines Initiierten ist also ein typischer. Man kann ihn unabhängig von der Einzelpersönlichkeit beschreiben. Vielmehr wird man eine Einzelpersönlichkeit nur dann als eine solche bezeichnen können, die auf dem Wege zum Göttlichen ist, wenn sie die bestimmten typischen Erlebnisse durchgemacht hat. Als eine solche Persönlichkeit lebte Buddha bei seinen Anhängern; als eine solche erschien zunächst Jesus seiner Gemeinde. Man weiß heute, welcher Parallelismus zwischen der Buddha- und Jesus-Biographie besteht. Rudolf Seydel hat in seinem Buche «Buddha und Christus» diesen Parallelismus schlagend nachgewiesen. Man braucht die Einzelheiten nur zu verfolgen, um zu sehen, daß alle Einwände gegen diesen Parallelismus nichtig sind.

Buddhas Geburt wird durch einen weißen Elefanten angekündigt, der auf die Königin Maja niederschwebt. Er zeigt an, daß Maja einen göttlichen Menschen hervorbringen werde, der «alle Wesen zur Liebe und Freundschaft stimmt, sie miteinander vereint zu innigem Bunde». Im Lukas-Evangelium heißt es: «... zu einer Jungfrau, die vertrauet war einem Manne mit Namen Joseph vom Hause David, und die Jungfrau hieß Maria. Und der Engel kam zu ihr hinein und sprach: Gegrüßet seist du, Holdselige. ... Siehe, du wirst schwanger werden und einen Sohn gebären, des Name soll Jesus heißen. Der wird groß und ein Sohn des Höchsten genannt werden.» Die Brahmanen, die indischen Priester, die wissen, was es heißt, ein Buddha wird geboren, legen den Traum der Maja aus. Sie haben eine bestimmte typische Vorstellung von einem Buddha. Das Leben der Einzelpersönlichkeit wird dieser Vorstellung entsprechen müssen. Dementsprechend liest man bei Matthäus (2,1 ff.): Herodes «ließ versammeln alle Hohepriester und Schriftgelehrten unter dem Volk und erforschete von ihnen, wo Christus sollte geboren werden». – Der Brahmane Asita sagt über den Buddha: «Dieses ist das Kind, das Buddha werden wird, der Erlöser, der Führer zu Unsterblichkeit, Freiheit und Licht.» Dazu vergleiche man (Luk. 2,25): «Und siehe, ein Mensch war zu Jerusalem mit Namen Simeon, und derselbe Mensch war fromm und gottesfürchtig und wartete auf den Trost Israels, und der heilige Geist war in ihm. ... Und da die Eltern das Kind Jesus in den Tempel brachten, daß sie für ihn täten, wie man pfleget nach dem Gesetz; da nahm er ihn auf seine Arme und lobte Gott und sprach: Herr, nun lässest du deinen Diener in Frieden fahren, wie du gesagt hast; denn seine Augen haben deinen Heiland gesehen, welchen du bereitet hast vor allen Völkern, ein Licht, zu erleuchten die Heiden, und zum Preis deines Volkes Israel.» Von Buddha wird berichtet, daß er als zwölfjähriger Knabe verlorengegangen sei und daß er wieder gefunden wurde unter einem Baume, umgeben von Sängern und Weisen der Vorzeit, die er lehrte. Dem entspricht (Luk. 2,41 ff.): «Und seine Eltern gingen alle Jahre gen Jerusalem auf das Osterfest. Und da er zwölf Jahre alt war, gingen sie hinauf gen Jerusalem nach Gewohnheit des Festes. Und da die Tage vollendet waren und sie wieder nach Hause gingen, blieb das Kind Jesus in Jerusalem und seine Eltern wußten's nicht. Sie meinten aber, er wäre unter den Gefährten, und kamen eine Tagereise weit und suchten ihn unter Freunden und Bekannten. Und da sie ihn nicht fanden, gingen sie wiederum gen Jerusalem und suchten ihn. Und es begab sich, nach dreien Tagen fanden sie ihn im Tempel sitzen mitten unter den Lehrern, daß er ihnen zuhörete und sie fragte; und alle waren verwundert, die ihm zuhörten, über seinen Verstand und seine Antworten.» – Nachdem Buddha in einer Einsamkeit gelebt hat und zurückkehrt, wird er empfangen von dem Segensruf einer Jungfrau: «Selig die Mutter, selig der Vater, selig die Gattin, denen du angehörst.» Er aber erwidert: «Selig sind nur die, die im Nirwana sind», d. h. die in die ewige Weltordnung eingegangen sind. Bei Lukas (11,27): «Und es begab sich, da er solches redete, erhub ein Weib im Volke die Stimme und sprach zu ihm: ‹Selig ist der Leib, der dich getragen hat, und die Brüste, die du gesogen hast.› Er aber sprach: ‹Ja, selig sind die, die das Wort Gottes hören und bewahren.›» Im Laufe seines Lebens tritt der Versucher an Buddha heran und verspricht ihm alle Königreiche der Erde. Buddha weist alles von sich mit den Worten: «Wohl weiß ich, daß mir ein Reich beschieden ist, aber nicht ein weltliches Königreich begehre ich; ich werde Buddha werden und alle Welt jauchzen machen vor Freude.» Der Versucher muß bekennen: «Meine Herrschaft ist dahin.» Jesus antwortet auf die gleiche Versuchung: «Heb dich weg von mir, Satan! Denn es stehet geschrieben: Du sollst anbeten Gott, deinen Herrn, und ihm allein dienen.» «Da verließ ihn der Teufel» (Matth. 4,10 f.). – Man könnte diese Beschreibung des Parallelismus noch über viele Punkte ausdehnen: es würde sich das gleiche ergeben. – Buddha endete in erhabener Weise. Auf einer Wanderung fühlte er sich krank. Er kam zum Flusse Hiranja, in der Nähe von Kuschinagara. Hier legte er sich auf einen von seinem Lieblingsjünger Ananda ausgebreiteten Teppich. Sein Leib fing von innen an zu leuchten. Er endete verklärt, als Lichtkörper, mit dem Ausspruche: «Nichts ist langwährend.» Dieser Tod Buddhas entspricht der Verklärung Jesu: «Und es begab sich nach diesen Reden bei acht Tagen, daß er zu sich nahm Petrus, Johannes und Jakobus, und ging auf einen Berg, zu beten. Und da er betete, ward die Gestalt seines Angesichts anders, und sein Kleid ward weiß und glänzte.» – In diesem Punkte endet Buddhas Lebenslauf; der wichtigste Teil im Leben Jesu aber beginnt damit: Leiden, Sterben, Auferstehung. Und es liegt das Unterscheidende des Buddha von dem Christus in dem, was nötigte, das Leben des Christus Jesus über das Buddha-Leben hinauszuführen. Buddha und Christus werden nicht verstanden, wenn man sie bloß zusammenwirft. (Das wird sich in dem Folgenden dieses Buches zeigen.) Andere Darstellungen des Todes Buddhas kommen hier nicht in Betracht, wenn sie auch manche tiefen Seiten der Sache enthüllen.

Die Übereinstimmung in den beiden Heilandsleben zwingt einen eindeutigen Schluß auf. Wie dieser Schluß ausfallen muß, darüber geben die Erzählungen selbst Auskunft. Als die Priesterweisen von der Art der Geburt hören, wissen sie, um was es sich handelt. Sie wissen, daß sie es mit einem Gottmenschen zu tun haben. Sie wissen vorher, was es mit der Persönlichkeit für eine Bewandtnis haben wird, die da auftritt. Und deshalb kann deren Lebenslauf nur dem entsprechen, was sie als Lebenslauf eines Gottmenschen kennen. In ihrer Mysterienweisheit erscheint für die Ewigkeit ein solcher Lebenslauf vorgezeichnet. Er *kann* nur sein, wie er sein *muß*. Wie ein ewiges Naturgesetz erscheint solch ein Lebenslauf. Wie ein chemischer Stoff sich nur in einer ganz bestimmten Weise verhalten kann, so kann ein

Buddha, ein Christus nur in einer ganz bestimmten Weise leben. Man erzählt seinen Lebenslauf nicht, indem man seine zufällige Biographie schreibt; man erzählt ihn vielmehr, indem man die typischen Züge erzählt, die in der Mysterienweisheit darüber für alle Zeiten enthalten sind. Die Buddha-Legende ist ebensowenig eine Biographie im gewöhnlichen Sinne, wie die Evangelien eine solche des Christus Jesus sein wollen. Beide erzählen nicht ein Zufälliges; beide erzählen einen für einen Weltheiland vorgezeichneten Lebenslauf. In den Mysterientraditionen haben wir für beide die Vorlagen zu suchen, nicht in der äußerlichen, physischen Geschichte. Buddha und Jesus sind im vornehmsten Sinne Eingeweihte für die, die ihre göttliche Natur erkannt haben. (Jesus ist der durch die Innewohnung der Christenwesenheit Eingeweihte.) Damit ist ihr Leben allem Vergänglichen entrückt. Damit hat auf sie Anwendung, was man von Eingeweihten weiß. Man erzählt nicht mehr die zufälligen Ereignisse ihres Lebens. Man sagt von ihnen: «Im Urbeginn war das Wort, und das Wort war bei Gott, und ein Gott war das Wort. ... Und das Wort ward Fleisch und wohnete unter uns.» (Joh. 1,1 u. 14.)

Aber das Jesus-Leben enthält mehr als das Buddha-Leben. Buddha schließt mit der Verklärung. Das Bedeutungsvollste im Jesus-Leben beginnt nach der Verklärung. Man übersetze das in die Sprache der Eingeweihten: Buddha ist bis zu dem Punkte gelangt, wo in dem Menschen das göttliche Licht anfängt zu glänzen. Er steht vor dem Tode des Irdischen. Er wird das Weltlicht. Jesus geht weiter. Er stirbt nicht physisch in dem Augenblicke, in dem ihn das Weltlicht durchklärt. Er ist in diesem Augenblicke ein

Buddha. Aber er betritt auch in diesem Augenblicke eine Stufe, die in einem höheren Grade der Initiation ihren Ausdruck findet. Er leidet und stirbt. Das Irdische verschwindet. Aber das Geistige, das Weltlicht verschwindet nicht. Seine Auferstehung erfolgt. Er enthüllt sich als Christus für seine Gemeinde. Buddha zerfließt im Augenblicke seiner Verklärung in das selige Leben des Allgeistes. Christus Jesus erweckt diesen Allgeist noch einmal in menschlicher Gestalt in das gegenwärtige Dasein. Solches ward mit dem Initiierten bei den höheren Weihen in einem Sinne vollzogen, der *bildhaft* ist. Die im Sinne des Osiris-Mythus Initiierten waren zu solcher Auferstehung in ihrem Bewußtsein als in einem Bild-Erlebnis gelangt. Diese «große» Initiation, aber nicht als Bild-Erlebnis, sondern als *Wirklichkeit*, wurde also im Jesus-Leben zu der Buddha-Initiation hinzugefügt. Buddha hat mit seinem Leben das erwiesen, daß der Mensch der Logos ist und daß er in diesen Logos, in das Licht zurückkehrt, wenn sein Irdisches stirbt. In Jesus ist der Logos selbst persönlich geworden. In ihm ist das Wort Fleisch geworden.

Was sich also für die alten Mysterienkulte im Innern der Mysterientempel abgespielt hat, das ist durch das Christentum als eine weltgeschichtliche Tatsache aufgefaßt worden. Zu dem Christus Jesus, dem Initiierten, dem in einziggroßer Weise Initiierten, hat sich die Gemeinde bekannt. Ihr hat er bewiesen, daß die Welt eine göttliche ist. Die Mysterienweisheit wurde für die christliche Gemeinde unlösbar verknüpft mit der Persönlichkeit des Christus Jesus. Daß er gelebt hat und daß seine Bekenner zu ihm gehörten: dieser Glaube trat an die Stelle dessen, was man vorher mit den Mysterien hatte erreichen wollen. – Fortan konnte ein Teil dessen, was vorher nur durch die mystischen Methoden zu erreichen war, für diejenigen, die zur Christengemeinde gehörten, durch die Überzeugung ersetzt werden, daß in dem gegenwärtig gewesenen Worte das Göttliche gegeben sei. Nicht das, wozu der Geist eines jeden Einzelnen lange vorbereitet werden muß, war nunmehr allein maßgebend; sondern, was die gehört und gesehen haben, die um Jesus waren; und was durch sie überliefert ist. «Was von Anfang her geschehen ist, was wir gehört, was wir mit Händen berührt haben von dem Worte des Lebens ... was wir *sahen* und *hörten*, melden wir euch, damit ihr Gemeinschaft mit uns habt.» So heißt es in der ersten Epistel des Johannes. Und dieses unmittelbar Wirkliche soll als ein lebendiges Band alle Generationen umfassen; es soll als Kirche mystisch von Geschlecht zu Geschlecht sich weiterschlingen. So sind die Worte Augustinus' zu verstehen: «Ich würde dem Evangelium nicht glauben, wenn mich die *Autorität* der katholischen Kirche nicht dazu bewegte.» Nicht in sich also haben die Evangelien ein Erkennungszeichen für ihre Wahrheit; sondern man soll sie glauben, weil sie sich auf Jesu Persönlichkeit gründen; und weil die Kirche von dieser Persönlichkeit her auf geheimnisvolle Weise die Macht ableitet, sie als Wahrheit erscheinen zu lassen. – Die Mysterien haben durch Tradition die *Mittel* überliefert, zur Wahrheit zu kommen; die Christengemeinschaft pflanzt diese Wahrheit selbst fort. Zu dem Vertrauen zu den im Innern des Menschen aufleuchtenden mystischen Kräften bei der Einweihung sollte hinzukommen das Vertrauen zu dem Einen, dem Ur-Initiator. Vergottung haben die Mysten gesucht; sie wollten sie *er*leben.

Jesus war vergottet; man muß sich zu ihm halten; dann ist man innerhalb der von ihm gestifteten Gemeinschaft selbst Teilhaber an der Vergottung: das wurde christliche Überzeugung. Was in Jesus vergottet war, ist für seine ganze Gemeinschaft vergottet. «Siehe, ich bin bei euch alle Tage bis ans Ende der Welt» (Matth. 28,20). Der da in Bethlehem geboren ist, hat einen *ewigen* Charakter. Das Weihnachtsantiphon darf von der Geburt Jesu sprechen, als wenn sie an *jedem* Weihnachtsfeste geschehe: *«Heute* ist Christus geboren worden; *heute* ist der Erlöser erschienen, *heute* singen die Engel auf Erden.» – In dem Christus-Erlebnis hat man zu sehen eine ganz bestimmte Stufe der Initiation. Wenn der Myste der vorchristlichen Zeit dieses Christus-Erlebnis durchmachte, dann war er durch seine Einweihung in einem Zustande, der ihn befähigte, etwas geistig – in höheren Welten – wahrzunehmen, wofür es keine entsprechende Tatsache in der sinnlichen Welt gab. Er erlebte das, was das Mysterium von Golgatha umschließt, in der höheren Welt. Wenn nun der christliche Myste dieses Erlebnis durch Initiation durchmacht, dann schaut *er* zugleich das geschichtliche Ereignis auf Golgatha und weiß, daß in diesem Ereignis, das sich innerhalb der Sinnenwelt abgespielt hat, der gleiche Inhalt ist wie vorher nur in den übersinnlichen Tatsachen der Mysterien. Es hat sich also mit dem «Mysterium von Golgatha» auf die christliche Gemeinde das ausgegossen, was sich früher innerhalb des Mysterientempels über die Mysten ausgegossen hat. Und die Initiation gibt den christlichen Mysten die Möglichkeit, sich dieses Inhaltes des «Mysteriums von Golgatha» bewußt zu werden, während der Glaube den Menschen unbewußt teilhaftig werden läßt der mystischen Strömung, die von den im Neuen Testamente geschilderten Ereignissen ausgegangen ist und seitdem das Geistesleben der Menschheit durchzieht.

Was über das «Leben Jesu» einer geschichtlichen Betrachtung unterzogen werden soll, ist in den Evangelien enthalten. Alles, was darüber nicht aus dieser Quelle stammt, läßt sich nach dem Urteile eines derjenigen, die als die größten geschichtlichen Kenner der Sache gelten (Harnack), «bequem auf eine Quartseite schreiben». Aber was für Urkunden sind diese Evangelien? Das vierte, das «Johannes-Evangelium», weicht von den anderen so sehr ab, daß diejenigen, welche auf diesem Gebiete den Weg *geschichtlicher* Untersuchung glauben wandeln zu müssen, zu dem Urteile kommen: «Wenn Johannes die echte Überlieferung über das Leben Jesu hat, dann ist die der drei ersten Evangelien (der Synoptiker) unhaltbar; haben die Synoptiker recht, dann ist der vierte Evangelist als Quelle abzulehnen.» (Otto Schmiedel, Die Hauptprobleme der Leben Jesu-Forschung S. 15.) Das ist eine vom Standpunkte des Geschichtsforschers ausgesprochene Behauptung. Hier, wo es sich um den mystischen Gehalt der Evangelien handelt, ist dieser Gesichtspunkt weder anzuerkennen noch abzulehnen. Wohl aber muß hingedeutet werden auf solches Urteil: «Gemessen mit dem Maßstabe der *Übereinstimmung*, Inspiration und Vollständigkeit, lassen diese Schriften sehr viel zu wünschen übrig, und auch nach menschlichem Maßstab gemessen, leiden sie an nicht wenigen Unvollkommenheiten.» So urteilt ein christlicher Theologe (Harnack im «Wesen des Christentums»). Wer auf dem Standpunkte eines mystischen Ursprungs der Evangelien steht, für den erklären sich, ohne Zwang, die nicht übereinstimmenden Dinge; für den gibt es auch eine Harmonie zwischen dem vierten Evangelium und den drei ersten. Denn alle diese Schriften können gar nicht bloße geschichtliche Überlieferungen im gewöhnlichen Wortsinne *sein wollen.* Sie wollten ja (vgl. S. 101 f.) keine geschichtliche Biographie geben. Was sie geben wollten, lag immer schon als typisches Leben des Gottessohnes in den Mysterientraditionen vorgebildet. Man schöpfte nicht aus der Geschichte, sondern aus den Mysterientraditionen. Nun waren natürlich in den verschiedenen Mysterienkultstätten diese Traditionen nicht bis zu wörtlicher Übereinstimmung gleichgestaltet. Immerhin gab es eine so große Übereinstimmung, daß die Buddhisten das Leben ihres Gottmenschen schon fast genau ebenso erzählten wie die Evangelisten des Christentums das des ihrigen. Aber Verschiedenheiten gab es natürlich doch. Man braucht nun nur anzunehmen, daß die vier Evangelisten aus vier verschiedenen Mysterientraditionen schöpften. Es spricht für die hochragende Persönlichkeit Jesu, daß er in vier, verschiedenen Traditionen angehörigen Schriftgelehrten den Glauben erweckt: er sei derjenige, der ihrem Typus eines Eingeweihten in so vollkommenem Grade entspricht, daß sie sich zu ihm wie zu einer Persönlichkeit verhalten können, die den typischen Lebenslauf lebt, der in ihren Mysterien vorgezeichnet ist. Dann haben sie im übrigen sein Leben nach Maßgabe *ihrer* Mysterientraditionen beschrieben. Und wenn die drei ersten Evangelisten (die Synoptiker) ähnlich erzählen, so beweist das nicht *mehr,* als daß sie aus ähnlichen Mysterientraditionen geschöpft haben. Der vierte Evangelist hat seine Schrift durchtränkt mit Ideen, die an den Religionsphilosophen Philo (vgl. S. 67 f.) erinnern. Das beweist wieder nichts anderes, als daß er aus derselben mystischen Tradition hervorgegangen ist, der auch Philo nahegestanden hat. – Man hat es in den Evangelien mit verschiedenen Bestandteilen zu tun. Erstens mit Tatsachenmitteilungen, die so auftreten, daß sie zunächst den Anspruch zu erheben scheinen, als ob sie historische Tatsachen sein sollten. Zweitens mit Gleichnisreden, die sich der Tatsachenerzählung nur bedienen, um eine tiefere Wahrheit zu versinnbildlichen. Und drittens mit *Lehren,* die als Gehalt der christlichen Weltansicht gemeint sein sollen. Im Johannes-Evangelium steht *kein eigentliches Gleichnis.* Es schöpfte eben aus einer mystischen Schule, in der man der Gleichnisse nicht zu bedürfen glaubte. – Wie aber sich geschichtlich gebende Taten und Gleichnisse in den ersten Evangelien verhalten, darauf wirft ein helles Licht die Erzählung von der Verfluchung des Feigenbaumes. Bei Markus (11,11 ff.) lesen wir: «Und der Herr ging ein zu Jerusalem in den Tempel, und er besah alles; und am Abend ging er hinaus gen Bethanien mit den Zwölfen. Und des andern Tages, da sie von Bethanien gingen, hungerte ihn. Und sah einen Feigenbaum von ferne, der Blätter hatte; da trat er hinzu, ob er etwas drauf fände. Und da er hinzu kam, fand er nichts denn nur Blätter; denn es war noch nicht Zeit, daß Feigen sein sollten. Und Jesus antwortete und sprach zu ihm: Nun esse von dir niemand keine Frucht ewiglich.» Lukas erzählt an derselben Stelle ein *Gleichnis* (13,6 f.): «Er sagte ihnen aber dies Gleichnis: Es hatte einer einen Feigenbaum, der war gepflanzt in seinem Weinberge; und kam und suchte Frucht darauf und fand keine. Da sprach er zu dem Weingärtner: Siehe, ich bin drei Jahre lang alle Jahre gekommen und habe Frucht gesucht auf diesem Feigenbaum und finde keine. Haue ihn ab. Was hindert er das Land.» Es ist das ein *Gleichnis,* das die Wertlosigkeit der alten Lehre symbolisieren soll, die in dem unfruchtbaren Feigenbaume dargestellt wird. Was bildlich gemeint ist, erzählt Markus wie eine Tatsache, die sich geschichtlich zu geben *scheint.* Man darf annehmen, daß Tatsachen in den Evangelien deshalb überhaupt nicht als geschichtlich genommen werden wollen, so als ob sie nur als Tatsachen der Sinneswelt zu gelten hätten, sondern als mystisch. Als Erlebnisse, zu deren Wahrnehmung die geistige Anschauung notwendig ist und die aus verschiedenen mystischen Traditionen stammen. Dann aber hört auf ein Unterschied zu sein zwischen dem Johannes-Evangelium und den Synoptikern. Für die mystische Auslegung kommt eben die geschichtliche Untersuchung gar nicht in Betracht. Mag das eine oder das andere Evangelium ein paar Jahrzehnte früher oder später entstanden sein: für den Mystiker sind alle von gleichem historischen Wert. Das Johannes-Evangelium genauso wie die anderen.

Und die «Wunder»: Sie bieten der mystischen Erklärung nicht die geringsten Schwierigkeiten. Sie sollen die physische Gesetzmäßigkeit der Welt durchbrechen. Das tun sie nur so lange, als man sie für Vorgänge hält, die sich im Physischen, im Vergänglichen so zugetragen haben sollen, daß sie die gewöhnliche Sinneswahrnehmung hätte ohne weiteres durchschauen können. Sind sie aber Erlebnisse, die nur auf einer höheren, auf der geistigen Daseinsstufe durchschaut werden können, dann ist es von ihnen selbstverständlich, daß sie nicht aus den Gesetzen der physischen Naturordnung begriffen werden können.

Man muß also die Evangelien erst richtig lesen, dann wird man wissen, inwiefern sie von dem Stifter des Christentums erzählen wollen. Sie wollen im Stile von Mysterienmitteilungen erzählen. Sie erzählen, wie ein Myste von einem Eingeweihten erzählt. Nur überliefern sie die Einweihung als eine einzigartige Eigentümlichkeit eines Einzigen. Und sie machen das Heil der Menschheit davon abhängig, daß sich die Menschen an diesen eigenartig Eingeweihten halten. Was zu den Eingeweihten gekommen war, das war das «Reich Gottes». Der Einzigartige hat dieses Reich allen denen gebracht, die zu ihm halten wollen. Aus einer persönlichen Angelegenheit des Einzelnen ist eine Gemeindeangelegenheit derjenigen geworden, die Jesus als ihren Herren anerkennen wollen.

Man kann begreifen, daß das so geworden ist, wenn man annimmt, daß die Mysterienweisheit in die israelitische Volksreligion eingebettet worden ist. Aus dem Judentum ist das Christentum hervorgegangen. Daß wir mit demselben dem Judentum Mysterienanschauungen, die als ein gemeinsames Gut des griechischen, des ägyptischen Geisteslebens sich gezeigt haben, gleichsam aufgepfropft finden: darüber brauchen wir nicht erstaunt zu sein. Wenn man die Volksreligionen untersucht, findet man verschiedene Vorstellungen über das Geistige. Geht man überall auf die tiefere Priesterweisheit zurück, die als der geistige Kern der verschiedenen Volksreligionen sich ergibt, so findet man überall Übereinstimmung. Plato weiß sich in Übereinstimmung mit den ägyptischen Priesterweisen, indem er in seiner philosophischen Weltanschauung den Kern der griechischen Weisheit darlegen will. Von Pythagoras wird erzählt, daß er Reisen nach Ägypten, nach Indien gemacht habe; und daß er bei den Weisen dieser Länder in die Schule gegangen sei. Zwischen den philosophischen Lehren des Plato und dem tieferen Sinn der mosaischen Schriften fanden Persönlichkeiten, die ungefähr um die Zeit der Entstehung des Christentums lebten, so viel Übereinstimmung, daß sie Plato einen attisch redenden Moses nannten.

Mysterienweisheit war also überall vorhanden. Aus dem Judentum heraus nahm sie eine Form an, die sie annehmen mußte, wenn sie Weltreligion werden wollte. – Das Judentum erwartete den Messias. Kein Wunder, daß die Persönlichkeit eines einzigartigen Initiierten von den Juden nur so aufgefaßt werden konnte, daß dieser Einzige der Messias sein müsse. Ja, von hier aus fällt sogar ein besonderes Licht auf die Tatsache, daß Volksangelegenheit wurde, was vorher in den Mysterien nur Einzelangelegenheit war. Die jüdische Religion war von jeher Volksreligion. Das Volk sah sich als Ganzes an. Sein Jao war der Gott des ganzen Volkes. Sollte der Sohn geboren werden, so konnte er nur wieder der Volksheiland werden. Nicht der einzelne Myste durfte für sich erlöst werden; dem ganzen Volke mußte diese Erlösung zuteil werden. Innerhalb der Grundgedanken der jüdischen Religion ist es also begründet, daß einer für alle stirbt. – Und daß es auch innerhalb des Judentums Mysterien gab, die aus dem Dunkel des geheimen Kultus in die Volksreligion getragen werden konnten, das ist gewiß. Eine ausgebildete Mystik bestand neben der an den äußeren Formeln des Pharisäertums hängenden Priesterweisheit. Wie anderswo wird diese geheimnisvolle Mysterienweisheit auch hier beschrieben. Als einst ein Eingeweihter solche Weisheit vortrug und seine Hörer den geheimen Sinn ahnten, da sprachen sie: «O Greis, was hast du getan? O daß du geschwiegen hättest! Du glaubst auf dem unermeßlichen Meere ohne Segel und Mast fahren zu können.

Was unternimmst du? Willst du in die Höhe steigen? Das vermagst du nicht. Willst du dich in die Tiefe versenken? Da gähnt dir ein unermeßlicher Abgrund entgegen.» Und von vier Rabbinnen erzählen die Kabbalisten, denen auch das obige entstammt. Vier Rabbinnen haben die geheimen Pfade zum Göttlichen gesucht. Der erste starb; der zweite verlor den Verstand; der dritte richtete ungeheure Verwüstungen an; und nur der vierte, der Rabbi Akiba, ging in Frieden hinein und wieder heraus.

Man sieht, daß es auch im Judentum den Boden gab, auf dem sich ein einzigartiger Initiierter entwickeln konnte. Ein solcher brauchte sich nur zu sagen: Ich will nicht, daß das Heil die Sache weniger Auserwählter bleibe. Ich will alles Volk an diesem Heil teilnehmen lassen. Er mußte hinaustragen in alle Welt, was die Auserlesenen in den Tempeln der Mysterien erlebt hatten. Er mußte es auf sich nehmen wollen, durch seine Persönlichkeit im Geiste das seiner Gemeinde zu sein, was der Mysterienkult früher denen war, die an ihm teilgenommen hatten. Gewiß: die *Erlebnisse* der Mysterien konnte er dieser seiner Gemeinde nicht ohne weiteres geben. Das konnte er auch nicht wollen. Aber die Gewißheit wollte er allen geben von dem, was in den Mysterien als Wahrheit angeschaut wurde. Das Leben, das in den Mysterien strömte, wollte er durch die fernere geschichtliche Entwicklung der Menschheit strömen lassen. So wollte er sie auf eine höhere Stufe des Daseins heben. «Selig sind, die da *glauben* und nicht *schauen.*» Die Gewißheit, daß es ein Göttliches gibt, wollte er in der Form des *Vertrauens* unerschütterlich in die Herzen pflanzen. Wer außen steht und dieses Vertrauen hat, der kommt gewiß weiter, als wer ohne dieses Vertrauen dasteht. Wie ein Alp mußte es auf Jesu Gemüt gelastet haben, daß unter den Außenstehenden doch viele sein können, die den Weg nicht finden. Die Kluft zwischen Einzuweihenden und «Volk» sollte weniger groß sein. Das Christentum sollte ein Mittel sein, durch das jeder den Weg finden konnte. Ist er nicht reif dazu, so ist ihm wenigstens nicht die Möglichkeit abgeschnitten, daß er in einer gewissen Unbewußtheit der Mysterienströmung teilhaftig werde. «Der Menschensohn ist gekommen, zu suchen und selig zu machen, was verloren ist.» Etwas genießen können von den Früchten der Mysterien sollten auch fortan diejenigen, welche nicht an der Einweihung noch teilnehmen können. Nicht von den «äußerlichen Gebärden» sollte fortan das Reich Gottes ganz und gar abhängig sein, nein, «es ist nicht hier oder dort; es ist inwendig in euch». Ihm handelte es sich weniger darum, wie weit dieser oder jener im Reiche des Geistes kommt; ihm kam es darauf an, daß *alle* die Überzeugung haben: es gebe ein solches geistiges Reich. «Freuet euch nicht, daß euch die Geister untertan sind; freuet euch aber, daß eure Namen im Himmel angeschrieben sind.» D. h. habet Vertrauen zum Göttlichen: es wird die Zeit kommen, da ihr es findet. –

Unter den «Wundern», die Jesus zugeschrieben werden, muß zweifellos der Auferweckung des Lazarus in Bethanien eine ganz besondere Bedeutung zugesprochen werden. Alles vereinigt sich, um dem, was hier der Evangelist erzählt, eine hervorragende Stellung im «Neuen Testamente» anzuweisen. Man muß bedenken, daß die Erzählung nur im Evangelium des Johannes steht, also desjenigen Evangelisten, der durch die bedeutungsvollen Einleitungsworte seines Evangeliums eine ganz bestimmte Auffassung seiner Mitteilungen herausfordert. Johannes beginnt mit den Sätzen: «Im Urbeginne war das Wort, und das Wort war bei Gott; und ein Gott war das Wort. ... Und das Wort ward Fleisch, und wohnete unter uns, und wir sahen seine Herrlichkeit, eine Herrlichkeit des eingeborenen Sohnes vom Vater, voller Hingabe und Wahrheit.» Wer an den Anfang seiner Ausführungen solche Worte setzt, der will gleichsam mit Fingern darauf deuten, daß er in einem besonders tiefen Sinne ausgelegt sein will. Wer hier mit bloßen Verstandeserklärungen kommen will oder mit anderen Dingen, die an der Oberfläche bleiben, der gleicht dem, welcher meint, Othello hätte auf der Bühne die Desdemona «wirklich» ermordet. Was kann denn Johannes mit seinen Einleitungsworten nur sagen wollen? Daß er von etwas Ewigem spricht, von etwas, das im Urbeginne war, das sagt er doch deutlich. Er erzählt Tatsachen; aber sie sollen nicht als *solche* Tatsachen genommen werden, die Auge und Ohr betrachten und an denen der logische Verstand seine Künste übt. Das «Wort», das in dem Weltengeiste ist, verbirgt er hinter den Tatsachen. Diese Tatsachen sind für ihn das Mittel, in dem sich ein höherer Sinn auslebt. Und man darf daher voraussetzen, daß sich in der Tatsache einer Totenerweckung, die Augen, Ohren und dem logischen Verstande die größten Schwierigkeiten macht, der allertiefste Sinn verbirgt.

Dazu kommt noch ein weiteres. Renan hat in seinem «Leben Jesu» bereits darauf hingewiesen, daß unzweifelhaft die Auferweckung des Lazarus auf das Ende des Lebens Jesu von entscheidendem Einfluß gewesen sein muß. Ein solcher Gedanke erscheint von dem Standpunkte aus, den Renan einnimmt, unmöglich. Denn warum sollte gerade die Tatsache, daß sich im Volke der Glaube verbreitete, Jesus habe einen Mann vom Tode erweckt, seinen Gegnern so gefährlich scheinen, daß sie darob zu dem Urteile kamen: «Können Jesus und das Judentum zusammen leben?» Es geht nicht an, mit Renan zu behaupten: «Die andern Wunder Jesu waren flüchtige Ereignisse, auf gutem Glauben weiter erzählt und im Munde des Volkes übertrieben, und man kam nicht mehr darauf zurück, nachdem sie geschehen waren. Doch dieses war ein wahrhaftiges Ereignis, das öffentlich bekannt wurde und mit welchem man die Pharisäer zum Schweigen bringen wollte. Alle Feinde Jesu waren über das verursachte Aufsehen erbittert. Man erzählt, sie versuchten Lazarus zu töten.» Es ist unerfindlich, warum das so sein sollte, wenn Renan recht hätte mit seiner Ansicht, daß es sich in Bethanien bloß um die Inszenierung einer Scheinhandlung gehandelt hätte, die dazu dienen sollte, den Glauben an Jesum zu stärken: «Vielleicht ließ sich Lazarus, noch blaß von seiner Krankheit, einem Toten gleich in Leichentücher hüllen und in sein Familiengrab legen. Diese Gräber waren große, in den Fels gehauene

Kammern, in die man durch eine viereckige Öffnung hineinkam, die mit einem riesigen Felsblock verschlossen wurde. Martha und Maria eilten Jesu entgegen und führten ihn zum Grabe, noch bevor er Bethanien betreten hatte. Die schmerzliche Erregung, die Jesus am Grabe seines totgeglaubten Freundes empfand, mochte von den Anwesenden für das Zittern und Schauern gehalten werden (Joh. 11,33 u. 38), das die Wunder zu begleiten pflegte. Nach dem Volksglauben beruhte nämlich die göttliche Kraft im Menschen gleichsam auf einem epileptischen und konvulsivischen Prinzip. Jesus – immer unsere Annahme vorausgesetzt – wünschte den, welchen er geliebt hatte, noch einmal zu sehen, und als der Leichenstein fortgerollt wurde, trat Lazarus hervor in seinen Leichentüchern, das Haupt in ein Schweißtuch gehüllt. Diese Erscheinung mußte natürlich allgemein als Auferstehung gelten. Der Glaube kennt kein anderes Gesetz als das, was ihm Wahrheit ist.» Erscheint eine solche Auslegung nicht geradezu naiv, wenn man, wie Renan, an sie die Ansicht knüpft: «Alles scheint dafür zu sprechen, daß das Wunder von Bethanien wesentlich dazu beitrug, Jesu Tod zu beschleunigen»? Dennoch liegt zweifellos dieser letzteren Behauptung Renans eine richtige Empfindung zugrunde. Nur kann Renan diese seine Empfindung mit *seinen* Mitteln nicht deuten und rechtfertigen.

Jesus *mußte* etwas ganz besonders Wichtiges in Bethanien vollbracht haben, damit gerade im Hinblick darauf die Worte gerechtfertigt erscheinen: «Da versammelten die Hohepriester und Ältesten einen Rat und sprachen: Was tun wir? Dieser Mensch tut viele Zeichen.» (Joh. 11,47.) Renan vermutet auch etwas Besonderes. «Es muß anerkannt werden, daß diese Erzählung des Johannes wesentlich verschiedener Art ist von den Wunderberichten, dem Ausfluß der Volksphantasie, von denen die Synoptiker voll sind. Fügen wir noch dazu, daß Johannes der einzige Evangelist ist, der genaue Kenntnisse der Beziehungen Jesu zur Familie in Bethanien hatte, und daß es unbegreiflich wäre, wie eine Volksschöpfung in dem Rahmen von so persönlichen Erinnerungen hätte Platz greifen können. Wahrscheinlich war also das Wunder keines der ganz legendären, für die niemand verantwortlich ist. Kurz, ich glaube, daß in Bethanien etwas geschehen sei, was als eine Auferstehung gelten konnte.» Heißt das im Grunde nicht: Renan vermutet, daß in Bethanien etwas geschehen ist, für das er keine Erklärung hat? Er verschanzt sich auch hinter die Worte: «Bei der Länge der Zeit und einem einzigen Text, der deutliche Spuren nachträglicher Zusätze aufweist, ist es unmöglich, zu entscheiden, ob in diesem Falle alles Erdichtung sei oder ob denn wirklich ein Vorfall in Bethanien dem Gerücht als Grundlage dient.» – Wie, wenn man es hier mit etwas zu tun hätte, demgegenüber der Text nur richtig gelesen zu werden braucht, um zum wahren Verständnisse zu kommen? Vielleicht hört man dann auf, von «Erdichtung» zu reden.

Zugegeben werden muß, daß die ganze Erzählung im Johannes-Evangelium in einen geheimnisvollen Schleier gehüllt ist. Man braucht, um das einzusehen, nur auf eines hinzudeuten. Was für einen Sinn sollten, wenn die Erzählung im physischen Sinne wörtlich zu nehmen wäre, Jesu Worte haben: «Die Krankheit ist nicht zum Tode, sondern zur Ehre Gottes, daß der Sohn Gottes dadurch geehrt werde.» Dies ist die gebräuchliche Übersetzung der entsprechenden Evangelienworte; doch kommt man besser zum Sachverhalt, wenn man – was auch dem Griechischen entsprechend richtig ist – übersetzt: «zur Erscheinung (zur Offenbarung) Gottes, daß der Sohn Gottes dadurch offenbar werde». Und was sollten die anderen Worte bedeuten: Jesus spricht: «Ich bin die Auferstehung und das Leben. Wer an mich glaubt, der wird leben, ob er gleich stürbe.» (Joh. 11,4 u. 25.) Es wäre eine Trivialität zu glauben, Jesus habe sagen wollen: Lazarus sei nur krank geworden, damit er seine Kunst an ihm zeigen könne. Und es wäre eine weitere Trivialität, zu meinen, Jesus habe behaupten wollen, der Glaube an ihn mache einen Toten im gewöhnlichen Wortsinne wieder lebendig. Was wäre denn besonders an einem Menschen, der vom Tode auferstanden ist, wenn er nach der Auferstehung derselbe wäre wie vor dem Sterben? Ja, was hätte es für einen Sinn, wenn das Leben eines solchen Menschen bezeichnet würde mit den Worten: «Ich bin die Auferstehung und das Leben»? Sofort kommt Leben und Sinn in Jesu Worte, wenn wir sie als den Ausdruck eines geistigen Ereignisses und dann in gewisser Weise sogar *wörtlich* so verstehen, wie sie im Texte sind. Jesus sagt doch: Er sei die Auferstehung, die an Lazarus geschehen ist; und er sei das *Leben*, das Lazarus lebt. Man nehme doch *wörtlich*, was Jesus im Johannes-Evangelium ist. Er ist das «Wort, das Fleisch geworden ist». Er ist das Ewige, das im Urbeginne war. Ist er wirklich die Auferstehung: dann ist das «Ewige, Anfängliche» in Lazarus auferstanden. Man hat es also mit einer Auferweckung des ewigen «Wortes» zu tun. Und dieses «Wort» ist das Leben, zu dem Lazarus auferweckt worden ist. Man hat es mit einer «Krankheit» zu tun. Aber mit einer Krankheit, die nicht zum Tode führt, sondern die zur «Ehre Gottes», d. i. zur Offenbarung Gottes dient. Ist in Lazarus das «ewige Wort» auferstanden, dann dient wirklich der ganze Vorgang dazu, den Gott in Lazarus erscheinen zu lassen. Denn Lazarus ist durch den ganzen Vorgang ein anderer geworden. Vorher lebte nicht das «Wort», der Geist, in ihm; jetzt lebt dieser Geist in ihm. Dieser Geist ist in ihm geboren worden. Gewiß ist doch mit jeder Geburt eine Krankheit, die Krankheit der Mutter, verknüpft. Aber diese Krankheit führt nicht zum Tode, sondern zu neuem Leben. Bei Lazarus wird dasjenige «krank», aus dem der «neue Mensch», der vom «Wort» durchdrungene Mensch, geboren wird.

Wo ist das Grab, aus dem das «Wort» geboren ist? Man braucht, um auf diese Frage Antwort zu erhalten, nur an Plato zu denken, der den Leib des Menschen ein Grab der Seele nennt. Und man braucht sich nur zu erinnern, daß auch Plato von einer Art Auferstehung spricht, wenn er auf das Lebendigwerden der geistigen Welt in dem Leibe deutet. Was Plato die geistige Seele nennt, das bezeichnet Johannes als das «Wort». Und Christus ist ihm das «Wort». Plato hätte sagen können: Wer geistig wird, der hat ein Göttliches aus dem Grabe seines Leibes auferstehen lassen. Und für Johannes ist das, was durch das «Leben Jesu» geschehen ist, diese Auferstehung. Kein Wunder, wenn er also Jesum sagen läßt: «Ich bin die Auferstehung.»

Kein Zweifel kann sein, daß der Vorgang in Bethanien eine Erweckung im geistigen Sinne ist. Lazarus ist ein anderer geworden, als er vorher war. Er ist zu einem Leben erstanden, von dem das «ewige Wort» sagen konnte: «Ich bin dieses Leben.» Was also ist mit Lazarus vorgegangen?

Es ist der Geist in ihm lebendig geworden. Er ist des Lebens teilhaftig geworden, das ewig ist. – Man braucht sein Erlebnis nur auszusprechen mit den Worten derer, die in die Mysterien eingeweiht wurden, und der Sinn enthüllt sich sofort. Was sagt doch Plutarch (vgl. oben S. 27 ff.) über den Zweck der Mysterien? Sie hätten dazu gedient, die Seele vom körperlichen Leben abzuziehen und mit den Göttern zu vereinigen. Man lese, wie Schelling die Empfindungen eines Eingeweihten beschreibt: «Der Eingeweihte wurde durch die empfangenen Weihen selbst ein Glied jener magischen Kette, er selber ein Kabire, aufgenommen in den unzerreißbaren Zusammenhang und, wie die alten Inschriften sich ausdrücken, dem Heer der oberen Götter gesellt» (Schelling, Philosophie der Offenbarung). Und man kann den Umschwung, der im Leben dessen vorging, der die Mysterienweihen empfing, nicht bedeutungsvoller bezeichnen als mit den Worten, die Ädesius seinem Schüler, dem Kaiser Konstantin, sagt: «Wenn du einst an den Mysterien teilnimmst, wirst du dich schämen, überhaupt nur als Mensch geboren zu sein.»

Man durchtränke seine ganze Seele mit solchen Empfindungen, und man wird das rechte Verhältnis zu dem Vorgang in Bethanien gewinnen. Man erlebt dann etwas ganz Besonderes bei der Erzählung des Johannes. Eine Gewißheit dämmert auf, die keine logische Auslegung, kein rationalistischer Erklärungsversuch geben kann. Ein Mysterium im wahren Sinn des Wortes steht vor uns. In Lazarus ist das «ewige Wort» eingezogen. Er ist, um im Sinn der Mysterien zu sprechen, ein Initiierter (Eingeweihter) geworden (vgl. «Mysterien und Mysterienweisheit»). Und der Vorgang, der uns erzählt wird, muß ein Initiationsvorgang sein.

Stellen wir den ganzen Vorgang einmal als Initiation vor uns hin. Lazarus wird von Jesus geliebt. (Joh. 11,36.) Kein Lieb-Haben im gewöhnlichen Sinne kann damit gemeint sein. Das widerspräche dem Sinn des Johannes-Evangeliums, in dem Jesus das «Wort» ist. Jesus hat Lazarus lieb gehabt, weil er ihn für reif hielt, um das «Wort» in ihm zu erwecken. Es waren Beziehungen Jesu zur Familie in Bethanien vorhanden. Das heißt doch nur, Jesus hat in dieser Familie alles vorbereitet, was zum großen Schlußakt des Dramas hinführen sollte: zur Auferweckung des Lazarus. Dieser ist Schüler Jesu. Er ist ein solcher Schüler, daß Jesus mit Gewißheit annehmen kann: mit ihm werde sich einst die Erweckung vollziehen. Der Schlußakt eines Erweckungsdramas bestand in einer bildhaften, das Geistige offenbarenden Handlung. Der Mensch mußte nicht nur das «Stirb und Werde» begreifen: er mußte es in einer geistig-wirklichen Handlung selbst vollziehen. Das Irdische, dessen sich der höhere Mensch, im Sinne der Mysterien, zu schämen hat, mußte abgetan werden. Der irdische Mensch mußte des bildhaft-wirklichen Todes sterben. Daß dann sein Leib in einen somnambulen Schlaf durch drei Tage versetzt wurde, kann gegenüber der Größe der Lebenswandlung, die vorging, eben doch nur als ein äußerlicher Vorgang bezeichnet werden, dem ein ungleich bedeutsamerer geistiger entspricht. Aber diese Handlung war doch auch das Erlebnis, das das Leben des Mysten in zwei Teile teilte. Wer den höheren Inhalt solcher Handlungen nicht lebensvoll kennt, der vermag sie nicht zu verstehen. Man kann sie ihm nur durch einen Vergleich nahebringen. – Man kann den ganzen Inhalt von Shakespeares Hamlet mit ein paar Worten zusammenfassen. Wer sich dieser Worte bemächtigt, kann in gewissem Sinne sagen: er kenne den Inhalt des Hamlet. Und logisch kennt er ihn auch. Anders aber erkennt ihn der, welcher den ganzen Reichtum der Shakespearischen Handlung auf sich wirken läßt. Durch seine Seele ist ein Lebensinhalt gezogen, der sich durch keine bloße Beschreibung ersetzen läßt. Die Hamlet-Idee ist ihm künstlerische, persönliche Erfahrung geworden. – Durch den magisch-bedeutungsvollen Vorgang, der mit der Initiation verknüpft ist, vollzieht sich im Menschen auf *einer hoeheren Stufe* ein ähnlicher Vorgang. Er erlebt bildhaft, was er geistig erringt. Das Wort «bildhaft» ist hier so gemeint, daß eine äußere Tatsache zwar sinnlich-wirklich sich vollzieht, daß sie aber als solche doch Bild ist. Man hat es mit keinem unwirklichen Bild, sondern mit einem *wirklichen* zu tun. Der irdische Leib ist drei Tage lang wirklich tot gewesen. Aus dem Tode heraus entsteht das neue Leben. Dieses Leben hat den Tod überdauert. Der Mensch hat das Vertrauen zu dem neuen Leben gewonnen. – So ist es mit Lazarus gewesen. Jesus hat ihn für die Erweckung vorbereitet. Es handelt sich um eine bildhaft-wirkliche Krankheit. Um eine Krankheit, die eine Initiation ist und die nach drei Tagen zum wirklich neuen Leben führt[1].

Lazarus ist reif, diese Handlung an sich zu vollziehen. Er hüllt sich in das Gewand der Mysten. Er schließt sich in einem Zustande von Leblosigkeit, die zugleich bildhafter Tod ist, ein. Und da Jesus kam, da waren die drei Tage

[1]) Was hier beschrieben ist, bezieht sich auf die alten Einweihungen, die wirklich einen dreitägigen schlafartigen Zustand nötig hatten. Keine wirkliche neuere Einweihung hat dies nötig. Diese führt, im Gegenteil, zu einem mehr bewußten Erleben; und das gewöhnliche Bewußtsein wird innerhalb der Einweihungsdramatik niemals herabgestimmt.

erfüllt. «Da hoben sie den Stein ab, da der Verstorbene lag. Jesus aber hob seine Augen empor und sprach: Vater, ich danke dir, daß du mich erhöret hast.» (Joh. 11,41.) Der Vater hatte Jesum erhöret, denn Lazarus war zum Schlußakte des großen Erkenntnisdramas gekommen. Er hatte erkannt, wie man zur Auferstehung gelangt. Eine Einweihung in die Mysterien war vollzogen. Was man sich im ganzen Altertum unter einer solchen Einweihung gedacht hatte, lag vor. Es war durch Jesus, als Initiator, geschehen. So hatte man sich immer die Vereinigung mit dem Göttlichen vorgestellt.

An Lazarus hat Jesus im Sinne uralter Traditionen das große Wunder der Lebensverwandlung vollbracht. Damit ist das Christentum an die Mysterien angeknüpft. Lazarus war durch den Christus Jesus selbst ein Eingeweihter geworden. Er war dadurch fähig geworden, sich in die höheren Welten zu erheben. Er war aber zugleich der erste christliche und von dem Christus Jesus selbst Eingeweihte. Er war durch seine Einweihung fähig geworden, zu erkennen, daß das in ihm lebendig gewordene «Wort» in dem Christus Jesus Person geworden war, daß also in sinnlicher Persönlichkeitserscheinung in seinem Erwecker dasselbe vor ihm stand, was geistig in ihm offenbar geworden war. – Von diesem Gesichtspunkte aus sind bedeutungsvoll die Worte Jesu (Joh. 11,42): «Aber ich weiß, daß du mich stets erhörest; doch um des umherstehenden Volkes willen sage ich es: auf daß sie zu dem Glauben geführt werden, daß du mich gesandt hast.» Das heißt: es handelt sich darum, daß offenbar werde: in Jesus lebt der «Sohn des Vaters» so, daß, wenn er das eigene Wesen in dem Menschen erweckt, dieser zum Mysten werde. Jesus drückt damit aus, daß in den Mysterien der Sinn des Lebens verborgen war, daß sie zu diesem Sinn hinführten. Er ist das lebendige Wort; in ihm ist Person geworden, was uralte Tradition war. Und der Evangelist darf das mit dem Satze aussprechen: In ihm ist das Wort Fleisch geworden. Er darf in Jesus selbst ein *verkörpertes Mysterium* sehen. Und ein Mysterium ist deshalb das Evangelium des Johannes. Man lese es so, daß die Tatsachen nur Geist sind; und man wird es richtig lesen. Hätte es ein alter Priester geschrieben: er hätte von einem traditionellen Ritus erzählt. Dieser Ritus wird für Johannes Person. Er wird zum «Leben Jesu». Wenn ein großer neuerer Forscher von den Mysterien sagt (Burckhardt: Die Zeit Konstantins): die Mysterien seien Dinge, über «welche man nie ins klare kommen werde», so hat er eben den Weg zu dieser Klarheit nicht erkannt. Man nehme das Johannes-Evangelium vor sich und schaue in bildhaft-körperhafter Wirklichkeit das Erkenntnisdrama, das die Alten vorführten, und man hat den Blick auf das Mysterium gerichtet.

Man kann in den Worten «Lazare, komm heraus» den Ruf wiedererkennen, mit dem die ägyptischen Priester-Initiatoren diejenigen wieder ins Leben des Alltags zurückriefen, welche, um dem Irdischen abzusterben und die Überzeugung von dem Dasein des Ewigen zu gewinnen, sich den weltentrückenden Prozessen der «Einweihung» unterzogen. Aber Jesus hatte damit das Mysteriengeheimnis geoffenbart. Es wird erklärlich, daß einen solchen Vorgang die Juden an Jesu ebensowenig ungesühnt lassen konnten, wie die Griechen es hätten an *Äschylos* ungesühnt lassen können, wenn er die Mysteriengeheimnisse verraten hätte. Es kam Jesus darauf an, in der Lazarus-Initiation vor alles «Volk, das umherstehend» war, einen Vorgang hinzustellen, der im Sinne alter Priesterweisheit nur in der Verborgenheit des Mysteriums sich vollziehen durfte. Diese Initiation sollte zum Verständnis des «Mysteriums von Golgatha» vorbereiten. Vorher konnten über das, was mit einem solchen Initiationsvorgang sich vollzog, nur die etwas wissen, die da «schauten», d. h. eingeweiht waren; jetzt aber sollten eine Überzeugung von den Geheimnissen der höheren Welten gewinnen können auch die, welche «glaubten, auch wenn sie nicht schauten».

Als ein merkwürdiges Dokument steht am Ende des Neuen Testamentes die Apokalypse, die geheime Offenbarung St. Johannis. Man braucht nur die ersten Worte zu lesen, um das Geheimnisvolle der Schrift zu ahnen: «Die Offenbarung Jesu Christi, die Gott ihm dargeboten hat, seinen Dienern zu veranschaulichen, wie in Kürze sich das notwendige Geschehen abspielt; dieses ist *in Zeichen* gesandt durch Gottes Engel seinem Diener Johannes.» Was hier geoffenbart wird, ist «in Zeichen gesandt». Es darf also der wörtliche Sinn nicht als solcher hingenommen werden, sondern es muß ein tieferer gesucht werden, für den der Wortsinn nur *Zeichen* ist. Aber vieles deutet noch auf einen solchen «geheimen Sinn». Johannes wendet sich an *sieben* Gemeinden in Asien. Es können damit nicht sinnlich wirkliche Gemeinden gemeint sein. Denn die Zahl *Sieben* ist die heilige symbolische Zahl, die eben um dieser ihrer symbolischen Bedeutung willen gewählt sein muß. Die wirkliche Anzahl der asiatischen Gemeinden wäre eine andere gewesen. Und auf das Geheimnisvolle deutet ferner, wie Johannes zu der Offenbarung kommt: «Ich war im *Geiste* an dem Tage des Herrn und hörete hinter mir eine Stimme wie eine Posaune, die sprach: Was du siehest, das schreibe in ein Buch, und sende es den sieben Gemeinden.» Also mit einer Offenbarung hat man es zu tun, die Johannes im *Geiste* erhalten hat. Und es ist die Offenbarung *Jesu Christi.* In einen geheimen Sinn gehüllt erscheint, was durch den Christus Jesus der Welt offenbar geworden ist. Ein solcher geheimer Sinn muß also in der Lehre Christi gesucht werden. Es verhält sich *diese* Offenbarung zu dem gewöhnlichen Christentum, wie sich in vorchristlichen Zeiten die Mysterienoffenbarung zur Volksreligion verhalten hat. Der Versuch erscheint dadurch gerechtfertigt, diese Apokalypse als Mysterium zu behandeln.

An sieben Gemeinschaften wendet sich die Apokalypse. Was ist damit gemeint? Man braucht nur eine der Botschaften herauszugreifen, um den Sinn zu erkennen. In der ersten wird gesagt: «Schreibe dem Engel der Gemeinschaft in Ephesus: Dieses schreibt derjenige, welcher die sieben Sterne in seiner Rechten hält, der, welcher inmitten der sieben goldenen Lichter wandelt. Ich kenne deine Taten und was du ertragen hast, und auch deine Ausdauer, und daß du die Bösen nicht stützen willst, und daß du zur Verantwortung gezogen hast diejenigen, welche sich Apostel nennen, und es nicht sind, und daß du sie als unecht erkannt hast. Und du hast Ausdauer, und du hast deine Arbeit auf meinen Namen gebaut, und du bist darinnen nicht erlahmt. Aber ich verlange von dir, daß du zu deiner vorzüglichsten Liebe gelangest. Bedenke, wovon du abgefallen bist, ändere deinen Sinn, und verrichte die vorzüglichsten Taten. Wenn aber nicht, so komme ich und bewege dein Licht von seiner Stelle, es sei denn, daß du deinen Sinn änderst. Aber das hast du, daß du die Taten der Nicolaiten verachtest, welche auch ich verachte. Wer Ohren hat, der höre, was der Geist den Gemeinschaften sagt: Dem Sieger gebe ich Speise von dem Baum des Lebens, welcher im Paradiese Gottes ist.» – Dies ist die Botschaft, welche an den Engel der ersten Gemeinschaft gerichtet ist. Der Engel, welchen man sich als den Gemeinschaftsgeist zu denken hat, ist auf dem Wege, der im Christentum vorgezeichnet ist. Er vermag die falschen Bekenner des Christentums von den wahren zu unterscheiden. Er will christlich sein; und er hat seine Arbeit auf den Namen Christi gestützt. Aber es wird von ihm verlangt, daß er durch keinerlei Irrtümer sich den Weg zu der vorzüglichsten Liebe versperre. Es wird ihm die Möglichkeit vorgehalten, wie durch solche Irrtümer eine falsche Richtung verfolgt werden kann. Durch den Christus Jesus ist der Weg vorgezeichnet, um zu dem Göttlichen zu gelangen. Man braucht Ausdauer, um in dem Sinne weiterzuschreiten, in dem der erste Impuls gegeben ist. Man kann auch zu früh vermeinen, den rechten Sinn erfaßt zu haben. Das geschieht, wenn man sich durch Christus ein Stück des Weges führen läßt und dann doch diese Führerschaft verläßt, indem man sich falschen Vorstellungen über dieselbe hingibt. Man fällt dadurch wieder in das Niedrig-Menschliche zurück. Man kommt von der «vorzüglichsten Liebe» ab. Das am Sinnlich-Verständlichen haftende Wissen wird in eine höhere Sphäre gehoben dadurch, daß es zur Weisheit vergeistigt, vergöttlicht wird. Kommt es zu dieser Erhöhung nicht, so bleibt es im Vergänglichen. Der Christus Jesus hat den Weg gewiesen zum Ewigen. Das Wissen muß in ungeschwächter Ausdauer den Weg verfolgen, der es zu einer Vergöttlichung führt. Es muß in Liebe den Spuren folgen, die es zur Weisheit umwandeln. Die Nicolaiten waren eine Sekte, welche das Christentum zu leicht nahm. Sie sahen nur eines: Christus ist das göttliche Wort, die ewige Weisheit, die im Menschen geboren wird. Also, so schlossen sie, ist die menschliche Weisheit das göttliche Wort. Danach brauchte man nur menschlichem Wissen nachzujagen, um das Göttliche in der Welt zu verwirklichen. Aber so kann der Sinn der christlichen Weisheit nicht ausgelegt werden. Das Wissen, das zunächst Menschenweisheit ist, ist ebenso vergänglich wie alles andere, wenn es nicht erst in göttliche Weisheit umgewandelt wird. So bist du nicht, sagt der «Geist» zu dem Engel von Ephesus; du hast nicht bloß auf menschliche Weisheit gepocht. Du hast in Ausdauer den Weg des Christentums betreten. Aber du darfst nicht glauben, daß nicht die allervorzüglichste Liebe nötig sei, wenn das Ziel erreicht werden soll. Es ist eine Liebe dazu notwendig, welche alle Liebe zu anderem weit überragt. Nur eine solche ist die «vorzüglichste Liebe». Der Weg zum Göttlichen ist ein unendlicher; und man muß begreifen, daß, wenn man die erste Stufe erreicht, dies nur die Vorbereitung sein kann, um zu immer höheren Stufen aufzusteigen. Damit ist an der ersten der Botschaften gezeigt, wie diese zu deuten sind. In ähnlicher Art kann der Sinn der anderen gefunden werden.

Johannes schaute, da er sich umwendet, «sieben goldene Lichter» und «inmitten der Lichter des Menschensohnes Bild, mit langem Gewande und mit einem goldenen Gürtel um die Lenden; und sein Haupt und Haar waren weißglänzend wie weiße Wolle oder Schnee, und seine Augen funkelnd im Feuer». Wir werden belehrt (Kap. 1, Vers 20): «Die sieben Lichter sind sieben Gemeinschaften.» Damit ist ausgedrückt, daß die Lichter sieben verschiedene Wege sind, um zum Göttlichen zu gelangen. Sie sind alle mehr oder weniger unvollkommen. Und der Menschensohn «hatte sieben Sterne in seiner rechten Hand». (V. 16.) «Die sieben Sterne sind die Engel der sieben Gemeinschaften.» (V. 20.) Die aus der Mysterienweisheit bekannten «führenden Geister» (Dämonen) sind hier zu den führenden Engeln der «Gemeinschaften» geworden. Diese Gemeinschaften werden dabei als Leiber für geistige Wesenheiten vorgestellt. Und die Engel sind die Seelen *dieser* «Leiber», wie die Menschenseelen die führenden Mächte der Menschenleiber sind. Die Gemeinschaften sind die Wege zum Göttlichen in der Unvollkommenheit; und die Gemeinschaft-Seelen sollten die Führer werden auf diesen Wegen. Dazu müssen sie selbst so werden, daß der Führer für sie die Wesenheit dessen ist, der die «sieben Sterne» in seiner Rechten hat. «Und aus seinem Munde kam ein zweischneidiges scharfes Schwert, und sein Antlitz in seinem Glanze glich der leuchtenden Sonne.» Auch in der Mysterienweisheit ist dieses Schwert vorhanden. Der Einzuweihende wurde durch ein «gezücktes Schwert» erschreckt. Das deutet auf die Lage, in welche derjenige kommt, der zur Erfahrung des Göttlichen gelangen will, auf daß ihm das «Angesicht» der Weisheit «leuchte mit einem Glanze gleich der Sonne». Durch eine solche Lage geht auch Johannes hindurch. Sie soll eine Prüfung seiner Stärke sein. «Und da ich ihn sah, fiel ich zu seinen Füßen wie tot; und er legte seine Rechte auf mich und sprach: Erschrecke nicht» (V. 17). Durch die Erlebnisse muß der Einzuweihende hindurchgehen, welche sonst der Mensch nur beim Durchgang durch den Tod macht. Derjenige, welcher ihn führt, muß über die Gebiete hinausführen, in denen Geburt und Tod eine Bedeutung haben. Der Eingeweihte beschreitet ein neues Leben, «und ich war tot, und sieh, ich bin lebendig geworden durch die Kreisläufe des Lebens hindurch; und ich habe die Schlüssel des Todes und des Totenreiches». – Also vorbereitet wird Johannes zu den Geheimnissen des Daseins geführt. «Danach schaute ich; und sieh, es ward die Türe zum Himmel aufgeschlossen; und die erste Stimme, die hörbar ward, erklang gleich einer Posaune zu mir und sagte: Steige hieher, und ich will dir zeigen, was nach diesem geschehen wird.» Die Botschaften an die sieben Geister der Gemeinschaften künden dem Johannes, was in der sinnlich-physischen Welt geschehen soll, um dem Christentum die Wege zu bereiten; das folgende, was er «im Geiste» erschaut, führt ihn zum geistigen Urquell der Dinge, welcher hinter der physischen Entwicklung verborgen ist, aber als ein nächstes vergeistigtes Zeitalter durch die physische Entwicklung herbeigeführt werden soll. Der Eingeweihte erlebt das, was in der Zukunft geschehen soll, als geistiges Erlebnis in der Gegenwart. «Und sogleich ward ich in das Geistige entrückt. Und ich schaute einen Thron im Himmel, und auf dem Throne jemand sitzend. Und der Sitzende glich dem Stein Jaspis und Sardis; und ein Regenbogen umgab den Thron, der einem Smaragd glich.» Damit wird der Urquell der sinnlichen Welt in den Bildern beschrieben, in welche er sich für den Seher kleidet. «Und im Umkreis des Thrones waren vierundzwanzig Throne, und auf den vierundzwanzig Thronen saßen Älteste, bekleidet mit weißen, wallenden Kleidern und mit güldenen Kronen auf den Häuptern.» (Kap. 4, V. 4.) – Auf dem Weisheitspfade weit vorgeschrittene Wesenheiten umgeben also den Urquell des Daseins, zu schauen seine unendliche Wesenheit und von ihr Zeugnis zu geben. «Und inmitten des Thrones und um den Thron waren vier Lebewesen, besetzt mit Augen vorne und hinten. Und das erste Lebewesen glich einem Löwen, und das zweite glich einem Stier, und das dritte bot einen Anblick wie ein Mensch, und das vierte glich einem fliegenden Adler. Und von den Lebewesen hatte ein jedes sechs Flügel, im Umkreis und inwendig hatten sie Augen, und sie ließen ohne Unterbrechung bei Tag und bei Nacht den Ruf ertönen: Heilig, heilig, heilig ist der Herrscher, der Gott, der Allmächtige, der war und ist und der sein wird.» Unschwer ist zu erkennen, daß die vier Lebewesen das übersinnliche Leben bedeuten, welches den sinnlichen Lebensformen zugrunde liegt. Sie erheben ihre Stimmen später, da die Posaunen erklingen, d. h. wenn das in sinnliche Formen eingeprägte Leben sich in das geistige umgewandelt hat.

In der rechten Hand dessen, der auf dem Throne saß, findet sich das Buch, in dem der Weg zur höchsten Weisheit vorgezeichnet ist (Kap. 5, V. 1). Nur einer ist würdig, das Buch zu öffnen. «Siehe, es hat überwunden der Löwe, der da ist vom Geschlecht Juda, die Wurzel David, aufzutun das Buch und dessen sieben Siegel.» Sieben Siegel hat das Buch. Siebenfältig ist Menschenweisheit. Daß sie als siebenfältig bezeichnet wird, hängt wieder mit der Heiligkeit der Siebenzahl zusammen. Als *Siegel* bezeichnet die mystische Weisheit des Philo die ewigen Weltgedanken, die sich in den Dingen zum Ausdruck bringen. Menschenweisheit sucht diese Schöpfungsgedanken. Aber erst in dem Buche, das mit ihnen gesiegelt ist, steht die göttliche Wahrheit. Erst müssen die Grundgedanken der Schöpfung enthüllt, die Siegel geöffnet werden, dann wird offenbar, was in dem Buche steht. Jesus, der Löwe, vermag die Siegel zu öffnen. Er hat den Schöpfungsgedanken eine Richtung gegeben, die, durch sie hindurch, zur Weisheit führt. – Das Lamm, das erwürget ward und das Gott erkauft hat mit seinem Blute, der Jesus, der den Christus in sich gebracht hat, der also im höchsten Sinne durch das Lebens-Todes-

Mysterium gegangen ist, öffnet das Buch (Kap. 5, V. 9–10). Und dic Lebewesen erklären, was sie wissen, bei jedem der Siegel (Kap. 6). Beim Öffnen des ersten Siegels wird für Johannes ein weißes Pferd sichtbar, auf dem ein Reiter sitzt mit einem Bogen. Die erste Weltmacht, eine Verkörperung des Schöpfungsgedankens, wird sichtbar. Sie wird von dem neuen Reiter, von dem Christentum in die angemessene Richtung gebracht. Der Streit wird beschwichtigt durch den neuen Glauben. Beim Öffnen des zweiten Siegels wird ein rotes Pferd sichtbar, auf dem wieder ein Reiter sitzt. Er nimmt den *Frieden,* die zweite Weltmacht von der Erde, auf daß die Menschheit nicht durch lässiges Verhalten die Pflege des Göttlichen versäume. Beim dritten Siegelöffnen zeigt sich die Weltmacht der Gerechtigkeit, geleitet von dem Christentum; beim vierten die religiöse Macht, der durch das Christentum ein neues Ansehen gegeben wird. – Die Bedeutung der vier Lebewesen erscheint dadurch klar. Sie sind die vier Hauptweltmächte, die durch das Christentum eine neue Führung erhalten sollen: der Krieg (Löwe), die friedliche Arbeit (der Stier), die Gerechtigkeit (das Wesen mit dem Menschenantlitz) und der religiöse Aufschwung (der Adler). Die Bedeutung des dritten Wesens erhellt daraus, daß beim Öffnen des dritten Siegels gesagt wird: «Ein Maß Weizen um einen Groschen und drei Maß Gersten um einen Groschen», und daß der Reiter dabei eine Waage hält. Und beim Öffnen des vierten Siegels wird ein Reiter sichtbar, des Name hieß «Tod, und die Hölle folgte ihm nach». Die religiöse Gerechtigkeit ist der Reiter (Kap. 6, V. 6–7).

Und als das fünfte Siegel eröffnet wird, da erscheinen

die Seelen derer, die schon im Sinne des Christentums gewirkt haben. Der im Christentum verkörperte Schöpfungsgedanke selbst kommt hier zum Vorschein. Aber mit diesem Christentum ist zunächst nur die erste christliche Gemeinschaft gemeint, die vergänglich ist wie andere Schöpfungsformen. Das sechste Siegel wird eröffnet (Kap. 7); es zeigt sich, daß die Geisteswelt des Christentums eine ewige ist. Das Volk erscheint erfüllt mit dieser Geisteswelt, aus dem das Christentum selbst hervorgegangen ist. Es ist geheiligt auch seine eigene Schöpfung. «Und ich hörete die Zahl der Versiegelten, hundert und vier und vierzig tausend, die versiegelt waren von allen Geschlechtern der Kinder Israel» (Kap. 7, V. 4). Es sind dies diejenigen, welche auf das Ewige sich vorbereitet haben, bevor es ein Christentum gab, und welche durch den Christusimpuls verwandelt worden sind. – Es erfolgt die Öffnung des siebenten Siegels. Es wird ersichtlich, was das *wahre* Christentum der Welt wirklich werden *soll.* Die sieben Engel, die «vor Gott stehen» (Kap. 8, V. 2) erscheinen. Diese sieben Engel sind wieder ins Christliche übersetzte Geister der alten Mysterienanschauung. Sie sind also die Geister, die auf *wahrhaft* christliche Weise zur Gottesanschauung führen. Was sich nun vollzieht, ist also selbst ein Hinführen zu Gott; es ist eine «Einweihung», die dem Johannes zuteil wird. Ihre Verkündigungen begleiten die bei Einweihungen notwendigen Zeichen. Der erste Engel posaunet. «Und es ward ein Hagel aus Feuer mit Blut gemenget, und der fiel auf die Erde. Und der dritte Teil der Erde verbrannte, auch der dritte Teil der Bäume verbrannte, und alles grüne Gras verbrannte.» Und ähnlich geht es bei den Verkündungen, den Posaunentönen der anderen

Engel. – Hier sieht man auch, daß es sich nicht bloß um eine Einweihung im alten Sinne handelte, sondern um eine neue, welche an die Stelle der alten treten sollte. Das Christentum sollte nicht wie die alten Mysterien für wenige Auserwählte sein. Es sollte für die ganze Menschheit sein. Eine Volksreligion sollte das Christentum sein; für jeden sollte die Wahrheit bereitet sein, der «Ohren hat zu hören». Aus vielen ausgesucht wurden die alten Mysten; die Posaunen des Christentums erklingen für jeden, der sie hören mag. Es ist seine Sache, herbeizukommen. Deshalb erscheinen aber auch die Schrecken, welche diese Menschheitseinweihung begleiten, ins Ungeheure gesteigert. Was aus der Erde und ihren Bewohnern in einer fernen Zukunft werden soll, enthüllt sich dem Johannes in seiner Einweihung. Es liegt der Gedanke zugrunde, daß für den Eingeweihten in den höheren Welten das vorauszusehen ist, was für die niedere Welt erst in der Zukunft sich verwirklicht. Die sieben Botschaften stellen die Bedeutung des Christentums für die Gegenwart dar, die sieben Siegel das, was sich in der Gegenwart durch das Christentum für die Zukunft vorbereitet. Die Zukunft ist für den Uneingeweihten verhüllt, versiegelt; in der Einweihung entsiegelt sie sich. Wenn die Erdenzeit vorüber sein wird, für welche die sieben Botschaften gelten, wird eine geistigere Zeit beginnen. Dann wird das Leben nicht mehr so verfließen, wie es in den sinnlichen Formen erscheint, sondern es wird auch äußerlich ein Abbild seiner übersinnlichen Gestalten sein. Diese übersinnlichen Gestalten werden durch die vier Tiere und die übrigen Siegelbilder repräsentiert. In einer noch späteren Zukunft tritt dann jene Gestalt der Erde ein, welche durch die Posaunen für den Eingeweihten zu erleben ist. So erfährt der Eingeweihte prophetisch, was geschehen soll. Und der im christlichen Sinne Eingeweihte erfährt, wie der Christusimpuls in das Erdenleben eingreift und fortwirkt. Und nachdem gezeigt worden ist, wie alles, was zu sehr am Vergänglichen hängt, um das wahre Christentum zu erlangen, den Tod gefunden hat, erscheint der starke Engel mit dem geöffneten Büchlein und gibt es Johannes (Kap. 10, V. 9): «Und er sprach zu mir: Nimm hin und verschlinge es; und es wird bitter sein im Magen; doch in deinem Munde wird es süß sein gleich Honig.» Nicht allein *lesen* also soll Johannes in dem Büchlein; er soll es ganz in sich aufnehmen; er soll sich mit seinem Inhalt durchdringen. Was hilft alle Erkenntnis, wenn der Mensch nicht ganz lebensvoll von ihr durchdrungen wird. *Leben* soll die Weisheit werden; nicht Göttliches erkennen bloß soll der Mensch, vergottet soll der Mensch werden. Solche Weisheit, wie in dem Buche steht, schmerzt wohl die vergängliche Natur: «es wird bitter sein im Magen»; aber sie beglückt um so mehr die ewige: «aber in deinem Munde wird es süß sein gleich Honig.» – Durch solche Einweihung nur kann das Christentum auf der Erde gegenwärtig werden. Es tötet alles, was der niederen Natur angehört. «Und ihre Leichname werden liegen auf dem Platze der großen Stadt, die da heißt geistlich die Sodoma und Ägypten, da auch ihr Christus gekreuzigt ist.» Die Bekenner des Christus sind damit gemeint. Sie werden mißhandelt werden von den Mächten des Vergänglichen. Was aber mißhandelt werden wird, sind nur die vergänglichen Glieder der Menschennatur, über welche sie in ihren wahren Wesenheiten dann gesiegt haben werden. Ihr Schicksal wird damit ein Abbild des vorbildlichen Schicksals des Christus Jesus sein. «Geistlich Sodom und

Ägypten» ist das Symbolum für das Leben, das im Äußeren beharrt und sich nicht durch den Christusimpuls wandelt. Christus ist *überall* in der niederen Natur gekreuzigt. Wo diese niedere Natur siegt, da bleibt alles tot. Die Menschen bedecken als Leichname die Plätze der Städte. Die solches überwinden werden, die den gekreuzigten Christus zur Erweckung bringen, die hören die Posaune des siebenten Engels: «Es sind die Reiche der Welt unseres Herrn und seines Christus entstanden; und er wird regieren von Weltzeit zu Weltzeit» (Kap. 11, V. 15). «Und der Tempel Gottes ward aufgetan im Himmel, und die Lade seines Bundes ward in seinem Tempel gesehen» (V. 19). In der Anschauung dieser Ereignisse erneuert sich für den Eingeweihten der alte Kampf der niederen und der höheren Natur. Denn alles, was vorher der Einzuweihende durchzumachen hatte, das muß sich in dem wiederholen, der die christlichen Wege wandelt. Wie einst Osiris bedroht war von dem bösen Typhon, so muß auch jetzt noch der «große Drache, die alte Schlange» (Kap. 12, V. 9) überwunden werden. Das Weib, die Menschenseele, gebiert das niedere Wissen, das eine widrige Macht ist, wenn es nicht zur Weisheit sich steigert. Der Mensch muß durch dieses niedere Wissen hindurch. Hier in der Apokalypse erscheint dies niedere Wissen als die «alte Schlange». Von jeher war in aller mystischen Weisheit die Schlange das Symbol der Erkenntnis. Von dieser Schlange, von der Erkenntnis, kann der Mensch verführt werden, wenn er nicht den Gottessohn in sich hervorbringt, der der Schlange den Kopf zertritt. «Und es ward ausgeworfen der große Drache, die alte Schlange, die da heißet der Teufel und Satanas, der die ganze Welt verführet, und ward geworfen auf die Erde, und seine Engel wurden mit ihm geworfen» (Kap. 12, V. 9). Man kann es aus diesen Worten lesen, was das Christentum sein wollte. Eine neue Art der Einweihung. Es sollte in einer neuen Form erreicht werden, was in den Mysterien erreicht wurde. Denn auch in ihnen sollte die Schlange überwunden werden. Aber nicht so sollte das geschehen wie früher. An die Stelle der vielen Mysterien sollte das Eine, das Urmysterium, das christliche, treten. Jesus, in dem der Logos Fleisch geworden, sollte der Initiator einer ganzen Menschheit sein. Und diese Menschheit sollte seine eigene Mystengemeinde werden. Nicht Absonderung Erwählter, sondern Zusammenschluß aller sollte stattfinden. Nach Maßgabe seiner Reife sollte jeder ein Myste *werden können.* Allen erklingt die Botschaft; wer ein Ohr hat, sie zu hören, der eilt herbei, ihre Geheimnisse zu vernehmen. Die Stimme des Herzens soll bei jedem einzelnen entscheiden. Nicht hineingeführt in die Mysterientempel soll dieser oder jener werden, sondern zu allen sollte das Wort gesprochen werden; der eine vermag es dann weniger stark, der andere stärker zu hören. Dem Dämon, dem Engel in der eigenen Brust des Menschen wird anheimgegeben, wie weit er eingeweiht werden kann. Die ganze Welt ist ein Mysterientempel. Nicht nur jene sollen selig werden, die in den besonderen Mysterientempeln die wunderbaren Verrichtungen *schauen*, die ihnen eine Gewähr geben sollen für das Ewige, sondern «Selig sind, die nicht *schauen* und doch *glauben*». Mögen sie auch zunächst im Finstern tappen, vielleicht kommt doch noch das Licht zu ihnen. Keinem soll etwas vorenthalten werden; jedem soll der Weg offen stehen. – Anschaulich werden dann weiter in der Apokalypse die Gefahren geschildert, die dem Christlichen von dem Antichristlichen drohen können, und wie dann das Christliche dennoch siegen muß. Alle andern Götter gehen auf in der Einen christlichen Göttlichkeit: «Und die Stadt bedarf keiner Sonne, noch des Mondes, daß sie ihr scheinen; denn die Offenbarung Gottes erleuchtet sie, und ihre Leuchte ist das Lamm» (Kap. 21, V. 23). Es ist das Mysterium der «Offenbarung St. Johannis», daß die Mysterien nicht mehr verschlossen sein sollen. «Und er spricht zu mir: Versiegle *nicht* die Worte der Weissagung in diesem Buche; denn die Gottheit ist nahe.» – Was der Verfasser der Apokalypse für einen Glauben hatte über das Verhältnis *seiner* Kirche zu den alten Kirchen: *das* hat er dargelegt. Er hat sich über die Mysterien selbst in einem geistigen Mysterium aussprechen wollen. Auf der Insel *Patmos* hat der Verfasser sein Mysterium geschrieben. In einer *Grotte* soll er die «Offenbarung» erhalten haben. In dieser Mitteilung ist selbst der Mysteriencharakter der Offenbarung ausgedrückt. – Also aus den Mysterien ist das Christentum hervorgegangen. Seine Weisheit wird in der Apokalypse selbst als ein Mysterium geboren; aber als ein Mysterium, das über den Rahmen der alten Mysterienwelt hinausgehen will. Das Einzelmysterium soll universelles Mysterium werden. – Es könnte ein Widerspruch darin gefunden werden, daß hier gesagt wird, die Geheimnisse der Mysterien seien durch das Christentum offenbar geworden, und daß dann doch wieder in dem Erleben der geistigen Schauungen des Apokalyptikers ein christliches Mysterium gesehen wird. Der Widerspruch löst sich, sobald man bedenkt: die Geheimnisse der *alten* Mysterien sind durch die Vorgänge in Palästina offenbar geworden. Dadurch hat sich enthüllt, was vorher verhüllt in den Mysterien war. Ein neues Geheimnis ist nun, was in die Weltentwicklung durch die Erscheinung Christi eingefügt worden ist. Der alte Eingeweihte erlebte in der geistigen Welt, wie die Entwicklung auf den noch «verborgenen Christus» hinweist; der christliche Eingeweihte erfährt die verborgenen Wirkungen des «offenbaren Christus».

JESUS UND SEIN GESCHICHTLICHER HINTERGRUND

In der Mysterienweisheit ist der Boden zu suchen, aus dem der *Geist* des Christentums hervorgewachsen ist. Es bedurfte nur des Überhandnehmens der Grundüberzeugung, daß dieser Geist in höherem Maße ins *Leben* eingeführt werden müsse, als dies durch das Mysterienwesen selbst geschehen war. Aber auch eine solche Grundüberzeugung fand sich in weiten Kreisen vor. Man braucht bloß auf die Lebenshaltung der Essäer und Therapeuten zu sehen, die vor der Entstehung des Christentums lange vorhanden waren. Die Essäer waren eine in sich abgeschlossene palästinensische Sekte, deren Zahl zur Zeit Christi auf viertausend geschätzt wird. Sie bildeten eine Gemeinde, die es als Anforderung an ihre Mitglieder stellte, ein Leben zu führen, das innerhalb der Seele ein höheres Selbst entwickelt und damit eine Wiedergeburt bewirkt. Der Aufzunehmende wurde einer strengen Prüfung unterworfen, ob er auch reif sei, sich für ein höheres Leben vorzubereiten. Wer aufgenommen war, mußte eine Probezeit durchmachen. Ein feierliches Gelübde mußte abgelegt werden, an die Fremden die Geheimnisse der Lebensführung nicht zu verraten. Das Leben selbst war geeignet, die niedere Natur im Menschen zu erdrücken, damit der in ihm schlummernde Geist immer mehr geweckt werde. Wer den Geist bis zu einer bestimmten Stufe in sich erlebt hatte, der stieg zu einem höheren Ordensgrad auf; und er genoß eine dementsprechende, nicht äußerlich auferzwungene, sondern in den Grundüberzeugungen naturgemäß bedingte Autorität. – Verwandt mit den Essäern waren die in Ägypten wohnenden Therapeuten. Über ihre

Lebensführung erlangt man allen wünschenswerten Aufschluß durch eine Schrift des Philosophen *Philo:* «Über das beschauliche Leben.» (Der Streit darüber, ob diese Schrift echt oder unecht sei, muß heute als geschlichtet betrachtet und die Annahme als berechtigt angesehen werden, daß Philo wirklich das Leben einer lange vor dem Christentum bestehenden, ihm wohl bekannten Gemeinschaft beschrieben hat. Vgl. darüber G. R. Mead: «Fragmente eines verschollenen Glaubens», Leipzig 1902. Verlag von Max Altmann.) Man braucht sich nur einzelne Stellen aus dieser Schrift vorzuhalten, um zu sehen, auf was es ankam. «Die Wohnungen der Gemeindemitglieder sind äußerst einfach, sie gewähren nur den notwendigen Schutz gegen äußerste Sonnenhitze und äußerste Kälte. Die Wohnungen liegen nicht dicht beieinander wie in den Städten, denn Nachbarschaft ist weniger anziehend für jemand, der die Einsamkeit sucht; noch sind sie weit voneinander entfernt, um die geselligen Beziehungen, die ihnen so lieb sind, nicht zu erschweren und um sich bei einem Räuberanfall leicht Hilfe gewähren zu können. In jeder Behausung ist ein geheiligter Raum, Tempel oder Monasterium genannt, ein kleines Zimmer, oder Kammer, oder Zelle, in welchen sie den *Geheimnissen des höheren Lebens* nachgehen. ... Sie besitzen auch Werke alter Schriftsteller, die einst ihre Schule leiteten und viele Erklärungen über die in den allegorischen Schriften übliche Methode hinterließen. ... Die Auslegung der heiligen Schriften ist bei ihnen auf den *tieferen Sinn* der allegorischen Erzählungen gerichtet.» – Man sieht: es handelte sich um eine Verallgemeinerung dessen, was im engeren Kreise der Mysterien auch angestrebt worden ist. Nur wird natürlich durch eine solche Verallgemeinerung der strenge Charakter abgeschwächt worden sein. – Die Essäer- und Therapeutengemeinden bilden einen natürlichen Übergang von den Mysterien zu dem Christentum. Das Christentum wollte aber zu einer Menschheitsangelegenheit machen, was sie zu einer Sektenangelegenheit gemacht hatten. Dadurch war natürlich die Grundlage für eine weitere Abschwächung des strengen Charakters gegeben.

Aus dem Vorhandensein solcher Sekten wird verständlich, inwiefern die damalige Zeit reif war für eine Erfassung des Christus-Geheimnisses. In den Mysterien war der Mensch künstlich vorbereitet worden, damit auf entsprechender Stufe in seiner Seele die höhere geistige Welt aufging. Innerhalb der Essäer- oder Therapeutengemeinde suchte sich die Seele durch einen entsprechenden Lebenswandel für die Erweckung des «höheren Menschen» reif zu machen. Ein weiterer Schritt ist dann der, daß man sich zu einer Ahnung davon durchringt: eine Menschen-Individualität könne in wiederholten Erdenleben sich zu immer höheren und höheren Stufen der Vollkommenheit entwickelt haben. Wer solches ahnen konnte, vermochte auch eine Empfindung dafür zu haben, daß in Jesus eine Individualität von hoher Geistigkeit erschienen sei. Je höher die Geistigkeit, desto größer die Möglichkeit, Bedeutsames zu vollbringen. Und so konnte die Jesus-Individualität fähig werden, jene Tat zu vollbringen, welche die Evangelien in dem Vorgang der Johannes-Taufe so geheimnisvoll andeuten, und durch die Art, wie sie darauf hinweisen, doch so klar als etwas Wichtigstes bezeichnen. – Die Persönlichkeit des Jesus wurde fähig, in die eigene Seele aufzunehmen Christus, den Logos, so daß dieser in ihr Fleisch wurde. Seit dieser Aufnahme ist das «Ich» des Jesus von Nazareth der Christus, und die äußere Persönlichkeit ist der Träger des Logos. Dieses Ereignis, daß das «Ich» des Jesus der Christus wird, das ist durch die Johannes-Taufe dargestellt. Während der Mysterien-Epoche war die «Vereinigung mit dem Geiste» für wenige Menschen die Angelegenheit der Einzuweihenden. Bei den Essäern sollte sich eine ganze Gemeinde eines Lebens befleißigen, durch das deren Angehörige zu der «Vereinigung» kommen konnten; durch das Christus-Ereignis sollte vor die ganze Menschheit etwas – eben die Taten des Christus – hingestellt werden, so daß die «Vereinigung» eine Erkenntnis-Angelegenheit der ganzen Menschheit sein konnte.

Die tiefste Wirkung mußte es auf die Bekenner des Christentums ausüben, daß ihnen das Göttliche, das Wort, der ewige Logos nicht mehr in dem geheimnisvollen Dunkel des Mysteriums, *als Geist* allein, entgegentrat; sondern daß sie, wenn sie von diesem Logos sprachen, immer auf die geschichtliche, menschliche Persönlichkeit Jesu gewiesen wurden. Vorher hatte man ja innerhalb der Wirklichkeit diesen Logos nur auf verschiedenen Stufen menschlicher Vollkommenheiten gesehen. Man konnte die feinen, intimen Unterschiede im Geistesdasein der Persönlichkeit beobachten und konnte sehen, in welchen Arten und Graden in den einzelnen Persönlichkeiten, welche die Einweihung suchten, der Logos lebendig wurde. Einen höheren Reifegrad mußte man als eine höhere Entwicklungsstufe des geistigen Daseins deuten. Man mußte die Vorstufen dazu in einem abgelebten Geistesleben suchen. Und das gegenwärtige Leben konnte man als Vorstufe von künftigen geistigen Entwicklungsstufen ansehen. Die Erhaltung der geistigen Kraft der Seele, die Ewigkeit dieser Kraft durfte man behaupten im Sinne der jüdischen Geheimlehre (Buch Sohar): «Nichts geht in der Welt verloren, nichts fällt der Leere anheim, nicht einmal die Worte und die Stimme des Menschen; alles hat seine Stelle und seine Bestimmung.» Die Eine Persönlichkeit war nur eine Metamorphose der Seele, die sich von Persönlichkeit zu Persönlichkeit wandelt. Das einzelne Leben der Persönlichkeit kam nur als ein Entwicklungsglied einer nach vorwärts und rückwärts weisenden Kette in Betracht. – Dieser sich wandelnde Logos ist durch das Christentum von der einzelnen Persönlichkeit hingeleitet worden auf die *einzige* Persönlichkeit Jesu. Was früher auf die ganze Welt verteilt war: das wurde nunmehr auf eine einzige Persönlichkeit vereinigt. Jesus ist der einzige Gottmensch geworden. In Jesus ist damit etwas *einmal* gegenwärtig gewesen, das dem Menschen als das größte Ideal erscheinen muß, mit dem er sich durch seine wiederholten Leben in der Zukunft immer mehr vereinigen soll. Jesus hat die Vergottung der ganzen Menschheit auf sich genommen. In ihm wurde gesucht, was vorher nur in der eigenen Seele gesucht werden konnte. Man hatte der Persönlichkeit des Menschen das entrissen, was in ihr selbst immer als Göttliches, als Ewiges gefunden worden war. Und man konnte alles dieses Ewige in Jesus schauen. Nicht das Ewige in der Seele überwindet den Tod und wird durch seine Kraft dereinst als Göttliches auferweckt, sondern was in Jesus war, der einige Gott, wird erscheinen und die Seelen auferwecken. Es war damit gegeben, daß die Persönlichkeit eine ganz neue Bedeutung erhielt. Man hatte ihr das Ewige, das Unsterbliche genommen. Sie war als solche, für sich, übriggeblieben. Man mußte, wollte man nicht die Ewigkeit leugnen, dieser Persönlichkeit selbst die Unsterblichkeit zuschreiben. Aus dem Glauben an die ewige Wandelung der Seele wurde der persönliche Unsterblichkeitsglaube. Eine unendliche Wichtigkeit erhielt ja diese Persönlichkeit, weil sie das einzige war, was man am Menschen festhielt. – Es gibt fortan nichts mehr zwischen der Persönlichkeit und dem unendlichen Gott. Man muß sich zu ihm in ein unmittelbares Verhältnis setzen. Man war nicht mehr in höherem oder niederem Grade selbst der Vergöttlichung fähig; man war einfach Mensch und stand zu Gott in einem unmittelbaren, aber äußeren Verhältnisse.

Wer die alte Mysterienanschauung kannte, mußte das als einen ganz neuen Ton in der Weltanschauung empfinden. In diesem Falle waren wohl zahlreiche Persönlichkeiten der ersten christlichen Jahrhunderte. Sie wußten von der Art der Mysterien; wollten sie Christen werden, so mußten sie sich mit dieser alten Art auseinandersetzen. Das mag sie in die schwierigsten Seelenkämpfe gebracht haben. In der mannigfaltigsten Art mögen sie einen Ausgleich gesucht haben zwischen beiden Richtungen der Weltanschauung. Die Schriften der ersten christlichen Jahrhunderte spiegeln diesen Kampf; sowohl die der Heiden, die von der Hoheit des Christentums angezogen werden; wie auch diejenigen der Christen, denen es schwer wird, die Mysterienweise zu verlassen. Langsam wächst das Christentum aus dem Mysterienwesen heraus. Christliche Überzeugungen werden in der Form der Mysterienwahrheiten vorgetragen; Mysterienweisheit wird in die Worte des Christentums gekleidet. *Clemens* von Alexandrien, der heidnisch gebildete christliche Schriftsteller (gestorben 217 n. Chr.) gibt davon ein Beispiel: «Gott hat uns nicht versagt, vom Guten auszuruhen in der Feier des Sabbats; denen, die es fassen können, hat er verliehen, an den göttlichen Geheimnissen und an dem heiligen Lichte teilzunehmen; er hat nicht der Menge geoffenbart, was sich für sie nicht schickt, sondern nur wenigen, für die er es geziemend erachtete, die es fassen können und sich darnach bilden, wie Gott das Unaussprechliche dem Logos vertraut, nicht der Schrift. – Gott hat der Kirche einige als Apostel gegeben, andre als Propheten, andre als Evangelisten, andre als Hirten und Lehrer zur Vollendung der Heiligen, zum Werke des Dienstes, zur Erbauung des Leibes Christi.» Auf die mannigfaltigste Art suchen die Persönlichkeiten den Weg von den antiken Anschauungen zu den christlichen zu finden. Und wer auf dem rechten Wege zu sein glaubt, bezeichnet andere als Irrlehrer. Daneben befestigt sich immer mehr die Kirche als äußere Institution. Je mehr sie an Macht gewann, desto mehr trat der Weg, den sie durch die Konzil-Beschlüsse, durch äußere Festsetzung als den richtigen anerkannte, an die Stelle des persönlichen Forschens. Sie entschied, wer zu weit abwich von der von ihr bewahrten göttlichen Wahrheit. Der Begriff des «Irrlehrers» bekam eine immer festere Gestalt. In den ersten Jahrhunderten des Christentums war das Suchen des göttlichen Weges viel mehr persönliche Angelegenheit als in den späteren. Es war erst ein langer Weg zurückzulegen, bis die Überzeugung des Augustinus möglich war: «Ich würde an die Wahrheit der Evangelien nicht glauben, wenn mich nicht die Autorität der katholischen Kirche dazu zwänge» (vgl. S. 108).

Der Kampf zwischen der Mysterienart und der christlichen bekam eine besondere Prägung durch die verschiedenen «gnostischen» Sekten und Schriftsteller. Als Gnostiker kann man alle Schriftsteller der ersten christlichen Jahrhunderte auffassen, die nach einem tieferen, geistigen Sinn der christlichen Lehren suchten. (Eine glänzende Darstellung der Entwicklung der Gnosis bietet das obengenannte Buch von *Mead:* «Fragmente eines verschollenen Glaubens».) Man versteht diese Gnostiker, wenn man sie ansieht als durchtränkt mit alter Mysterienweisheit und bestrebt, das Christentum von dem Gesichtspunkt der Mysterien aus zu begreifen. Christus ist ihnen der Logos. Er ist zunächst als solcher geistiger Art. Er kann in seiner Urwesenheit nicht von außen an den Menschen herankommen.

Er muß in der Seele erweckt werden. Aber der geschichtliche Jesus muß ein Verhältnis haben zu diesem geistigen Logos. Das war die gnostische Grundfrage. Mochte sie der eine so, der andere so lösen. Die Hauptsache bleibt, daß nicht die bloße historische Überlieferung, sondern die Mysterienweisheit, oder die aus derselben Quelle schöpfende neuplatonische Philosophie, die in den ersten christlichen Jahrhunderten blühte, zu einem wirklichen Verständnisse des Christus-Gedankens führen sollte. Man hatte Vertrauen zur Menschenweisheit und glaubte, daß sie einen Christus gebären könne, an dem der geschichtliche gemessen werden kann. Ja, durch den dieser erst verstanden und im rechten Lichte geschaut werden könne.

Von besonderem Interesse, von diesem Gesichtspunkte aus, ist die Lehre, die in den Büchern des Areopagiten Dionysius auftritt. Allerdings wird dieser Schriften erst im sechsten Jahrhundert Erwähnung getan. Es kommt aber bei ihnen nicht darauf an, wann und wo sie geschrieben sind, sondern darauf, daß sic eine Darstellung des Christentums, ganz eingekleidet in die Vorstellungsart der neuplatonischen Philosophie und in ein geistiges Anschauen der höheren Welt, enthalten. Es ist dies unter allen Umständen eine Darstellungsform, die den ersten christlichen Jahrhunderten angehört. In alten Zeiten hat sich diese Darstellungsform als mündliche Tradition fortgepflanzt; man vertraute eben in den älteren Zeiten das Wichtigste gerade *nicht* der Schrift an. Man könnte das Christentum, das sie darstellen, ein solches nennen, das aus dem Spiegel der neuplatonischen Weltanschauung gezeigt werden sollte. Die sinnliche Wahrnehmung trübt dem Menschen das Anschauen des Geistes. Er muß über das Sinnliche hinausgehen. Nun sind aber alle menschlichen Begriffe zunächst aus der sinnlichen Beobachtung geschöpft. Was der sinnliche Mensch beobachtet, das nennt er seiend; was er nicht beobachtet, das bezeichnet er als nicht-seiend. Will der Mensch sich daher eine wirkliche Perspektive zu dem Göttlichen eröffnen, so muß er auch über das Seiende und Nicht-Seiende hinausgehen, denn auch dieses entstammt in seiner Auffassung der Sinnensphäre. Gott ist in diesem Sinne weder seiend noch nicht-seiend. Er ist überseiend. Man kann ihn daher nicht erreichen mit den Mitteln des gewöhnlichen Erkennens, das es mit dem Seienden zu tun hat. Man muß über sich, über seine Sinnenbeobachtung, über seine verständige Logik hinausgehoben werden und den Übergang finden zu geistiger Anschauung; dann kann man ahnend in die Perspektive des Göttlichen blicken. – Aber diese überseiende Gottheit hat die weisheitsvolle Grundlage der Welt, den Logos hervorgebracht. Ihn kann auch die niedere Kraft des Menschen erreichen. Er wird als geistiger Sohn Gottes im Weltgebäude gegenwärtig; er ist der Mittler zwischen Gott und dem Menschen. Er kann in verschiedenen Stufen im Menschen gegenwärtig sein. Ihn kann eine weltliche Institution verwirklichen, indem sie die in verschiedener Art von ihm erfüllten Menschen unter einer Hierarchie vereinigt. Eine solche «Kirche» ist der sinnlich-wirkliche Logos; und die Kraft, die in ihr lebt, lebte persönlich in dem fleischgewordenen Christus, in Jesus. Durch Jesus ist also die Kirche mit Gott vereinigt, in ihm hat sie ihre Spitze und ihren Sinn.

Es war für alle Gnosis klar: mit der Idee von Jesu Persönlichkeit mußte sie sich verständigen. Christus und Jesus mußten in ein Verhältnis gebracht werden. Die Göttlichkeit war der menschlichen Persönlichkeit genommen; sie mußte auf irgendeine Art wieder gefunden werden. Es mußte möglich sein, sie in Jesus wieder zu finden. Der Myste hatte mit einem Grade der Göttlichkeit in sich und mit seiner irdisch-sinnlichen Persönlichkeit zu tun. Der Christ hatte mit dieser und mit einem vollendeten, über alles menschlich Erreichbare erhabenen Gott zu tun. Wird diese Anschauung streng festgehalten, so ist eine mystische Grundstimmung der Seele nur möglich, wenn dieser Seele, indem sie das höhere Geistige in sich findet, das geistige Auge so geöffnet wird, daß in dieses das Licht fällt, welches von dem Christus in dem Jesus ausgeht. Vereinigung der Seele mit ihren höchsten Kräften ist zugleich Vereinigung mit dem geschichtlichen Christus. Denn Mystik ist unmittelbares Fühlen und Empfinden des Göttlichen in der eigenen Seele. Ein über alles Menschliche hinausragender Gott kann aber im wahren Sinne des Wortes nie in der Seele wohnen. Die Gnosis und auch alle spätere christliche Mystik stellen das Bestreben dar, dieses Gottes doch auf irgendeine Art in der Seele unmittelbar teilhaftig zu werden. Ein Kampf mußte da immer entstehen. Man konnte in Wirklichkeit nur *sein* Göttliches finden, das ist aber ein Menschlich-Göttliches, ein Göttliches auf einer bestimmten Entwicklungsstufe. Aber der christliche Gott ist doch ein bestimmter, in sich vollendeter. Man konnte in sich finden die Kraft, zu ihm emporzustreben; aber man konnte nicht etwas, was man in der Seele auf irgendeiner Stufe erlebte, als eins mit ihm bezeichnen. Zwischen dem, was man in der Seele erkennen konnte, und dem, was das Christentum als göttlich bezeichnete, entstand eine Kluft. Es ist die Kluft zwischen Wissen und Glauben, zwischen Erkennen und religiösem Empfinden. Für den Mysten im alten Sinne kann es diese Kluft nicht geben. Denn er weiß zwar, daß er das Göttliche nur gradweise erfassen kann; aber er weiß auch, warum er nur dies kann. Er ist sich klar, daß er in dem gradweisen Göttlichen doch das wahre, lebendige Göttliche hat; und es wird ihm schwer, von einem vollendeten, abgeschlossenen Göttlichen zu sprechen. Ein solcher Myste will gar nicht den vollendeten Gott erkennen, sondern er will das göttliche Leben erfahren. Er will selbst vergottet sein; er will nicht ein äußerliches Verhältnis zur Gottheit gewinnen. Es ist in dem Wesen des Christentums gelegen, daß seine Mystik nicht in diesem Sinne voraussetzungslos ist. Der christliche Mystiker will in sich selbst die Gottheit schauen, aber er muß zu dem geschichtlichen Christus hinblicken wie das physische Auge zur Sonne; wie dieses sich sagt, durch diese Sonne werde ich erblicken, was ich durch meine Kräfte sehen kann, so sagt der christliche Myste: Ich steigere mein Inneres zu göttlichem Schauen: das Licht, das mir solches Schauen ermöglicht, ist in dem erschienenen Christus gegeben. Er *ist*, wodurch ich in mir zum Höchsten steigen kann. Die christlichen Mystiker des Mittelalters zeigen gerade darin ihren Unterschied von den Mysten der alten Mysterien. (Vgl. mein Buch: Die Mystik im Aufgange.)

In der Zeit, in der auch das Christentum seine ersten Anfänge hat, treten innerhalb der antiken heidnischen Kultur Weltanschauungen auf, die sich als eine Fortführung der platonischen Vorstellungsart darstellen und die auch als eine verinnerlichte, vergeistigte Mysterienweisheit aufgefaßt werden dürfen. Ihren Ausgang nahmen sie von dem Alexandriner *Philo* (25 v. Chr. bis 50 n. Chr.). Ganz ins Innere der Menschenseele scheinen bei ihm die Vorgänge verlegt, die zum Göttlichen führen. Man möchte sagen: Der Mysterientempel, in dem Philo seine Weihen sucht, ist einzig und allein sein eigenes Innere und dessen höhere Erlebnisse selbst. Durch Prozesse rein geistiger Art ersetzt er die Prozeduren, die sich in den Mysterienstätten abspielen. Das Sinnesanschauen und die logische Verstandeserkenntnis führen, nach seiner Überzeugung, nicht zum Göttlichen. Sie haben es nur mit dem Vergänglichen zu tun. Aber es gibt für die Seele einen Weg, sich über diese Erkenntnisarten zu erheben. Sie muß aus dem heraustreten, was sie ihr gewöhnliches «Ich» nennt. Sie muß diesem «Ich» entrückt werden. Dann tritt sie in einen Zustand spiritueller Erhöhung, Erleuchtung ein, in dem sie nicht mehr im gewöhnlichen Sinne weiß, denkt und erkennt. Denn sie ist mit dem Göttlichen verwachsen, mit ihm ineinander geflossen. Das Göttliche wird erlebt als ein solches, das sich nicht in Gedanken formen, nicht in Begriffen mitteilen läßt. Es wird *erlebt.* Und der es erlebt, weiß, daß er von ihm nur Mitteilung machen kann, wenn er dazu kommt, den Worten Leben zu geben. Von dieser mystischen Wesenheit, die man in den tiefsten Schachten der Seele erlebt, ist die

Welt das Abbild. Sie ist aus dem unsichtbaren, undenkbaren Gott hervorgegangen. Ein unmittelbares Bild dieser Gottheit ist die weisheitsvolle Harmonie der Welt, der die sinnlichen Erscheinungen folgen. Diese weisheitsvolle Harmonie ist das geistige Ebenbild der Gottheit. Es ist der in die Welt ergossene göttliche Geist: die Weltvernunft, der Logos, der Sproß oder Sohn Gottes. Der Logos ist der Vermittler zwischen der Sinnenwelt und dem unvorstellbaren Gott. Indem der Mensch sich mit Erkenntnis durchdringt, vereinigt er sich mit dem Logos. Der Logos wird in ihm verkörperlicht. Die zur Geistigkeit entwickelte Persönlichkeit ist Träger des Logos. Über dem Logos liegt Gott; unterhalb desselben die vergängliche Welt. Der Mensch ist berufen, die Kette zwischen beiden zu schließen. Was er in seinem Innern als Geist erlebt, ist der Weltengeist. Unmittelbar wird man bei solchen Vorstellungen an die pythagoreische Denkart erinnert. (Vgl. S. 50 ff.) – Im Innenleben wird der Kern des Daseins gesucht. Aber das Innenleben ist sich seiner kosmischen Geltung bewußt. Es ist im wesentlichen aus einer Vorstellungsart hervorgegangen, die der des Philo ähnlich ist, was Augustinus sagt: «Wir sehen alle Dinge, die gemacht sind, weil sie sind; aber weil Gott sie sieht, sind sie.» – Und über das, *was* und *wodurch* wir sehen, fügt er bezeichnend hinzu: «Und weil sie sind, sehen wir sie äußerlich; und weil sie vollkommen sind, sehen wir sie innerlich.» Bei Plato ist die gleiche Grundvorstellung vorhanden. (Vgl. S. 54 ff.) Philo hat genau wie Plato in den Schicksalen der menschlichen Seele den Abschluß des großen Weltendramas, die Erweckung des verzauberten Gottes, gesehen. Er hat ja die inneren Taten der Seele mit den Worten beschrieben: Die Weisheit in dem Innern des Menschen geht «die Wege des Vaters nachahmend und formt, auf die Urbilder schauend, die Gestalten». Es ist daher keine persönliche Angelegenheit, wenn der Mensch in sich Gestalten formt. Diese Gestalten sind die ewige Weisheit, sind das kosmische Leben. Das ist im Einklang mit der Mysterienauffassung von den Volksmythen. Der Myste sucht in den Mythen den tieferen Wahrheitskern (vgl. S. 74 ff.). Und was der Myste mit den heidnischen Mythen tut, das vollbringt Philo mit den mosaischen Schöpfungsberichten. Die Berichte des alten Testamentes sind ihm Bilder für innere Seelenvorgänge. Die Bibel erzählt die Weltschöpfung. Wer sie als Darstellung äußerer Vorgänge nimmt, der kennt sie nur halb. Gewiß steht geschrieben: «Im Urbeginn schuf Gott Himmel und Erde. Und die Erde war wüst und leer, und es war finster in der Tiefe; und der Geist Gottes schwebte über den Wassern.» Aber der wahre, innere Sinn solcher Worte muß in den Tiefen der Seele *erlebt* werden. Es muß der Gott im Innern gefunden werden, dann erscheint er als der «Urglanz, der unzählige Strahlen aussendet, nicht sinnlichwahrnehmbar, sondern insgesamt gedanklich». So drückt sich Philo aus. Fast genau wie in der Bibel heißt es bei Plato (im Timäos): «Als nun aber der Vater, welcher das All erzeugt hatte, es ansah, wie es belebt und bewegt und ein Bild der ewigen Götter geworden war, da empfand er Wohlgefallen daran.» In der Bibel liest man: «Und Gott sah, daß alles gut war.» – Das Göttliche erkennen, heißt wie bei Plato, wie in der Mysterienweisheit den Schöpfungswerdegang als eigenes seelisches Schicksalerleben. Geschichte der Schöpfung und Geschichte der sich vergöttlichenden Seele fließen dadurch in Eins zusammen. Man kann den Schöpfungsbericht des Moses, nach Philos Überzeugung, dazu verwenden, die Geschichte der Gott suchenden Seele zu schreiben. Alle Dinge in der Bibel erhalten dadurch einen tief symbolischen Sinn. Philo wird zum Ausleger dieses symbolischen Sinnes. Er liest die Bibel als Seelengeschichte.

Man darf sagen, daß Philo mit dieser Art, die Bibel zu lesen, einem Zuge seiner Zeit entsprach, der aus der Mysterienweisheit geschöpft war. Konnte er ja dieselbe Art der Auslegung alter Schriften von den Therapeuten berichten. «Sie besitzen auch Werke alter Schriftsteller, die einst ihre Schule leiteten und viele Erklärungen über die in den *allegorischen* Schriften übliche Methode hinterließen. … Die Auslegung dieser Schriften ist bei ihnen auf den tieferen Sinn der *allegorischen* Erzählungen gerichtet.» (Vgl. S. 147.) So war Philos Absicht auf den tieferen Sinn der «allegorischen» Erzählungen des alten Testamentes gerichtet.

Man vergegenwärtige sich, wozu eine solche Auslegung führen konnte. Man liest den Schöpfungsbericht und findet darin nicht nur eine äußerliche Erzählung, sondern das Vorbild für die Wege, welche die Seele nehmen muß, um zum Göttlichen zu gelangen. Die Seele muß also – darin nur kann ihr mystisches Weisheitsstreben bestehen – in sich die Wege Gottes mikrokosmisch wiederholen. Es muß sich in jeder Seele das Weltendrama abspielen. Eine *Erfüllung* des im Schöpfungsbericht gegebenen Vorbildes ist das Seelenleben des mystischen Weisen. Moses hat nicht nur geschrieben, um geschichtliche Tatsachen zu erzählen, sondern um in Bildern zu veranschaulichen, was die Seele für Wege nehmen muß, wenn sie Gott finden will.

Das alles bleibt in der Weltanschauung Philos *innerhalb*

des Geistes beschlossen. Der Mensch erlebt in *sich,* was Gott in der Welt erlebt hat. Das Wort Gottes, der Logos, wird Seelenereignis. Gott hat die Juden aus Ägypten nach dem gelobten Lande geführt; er hat sie durch Qualen und Entbehrungen gehen lassen, um ihnen dann das Land der Verheißung zu schenken. Das ist der äußere Vorgang. Man erlebe ihn im Innern. Man geht aus dem Lande Ägypten, der vergänglichen Welt, durch die Entbehrungen, welche zur Unterdrückung der sinnlichen Welt führen, in das gelobte Land der Seele ein, man erreicht das Ewige. Bei Philo ist das alles innerlicher Vorgang. Der Gott, der in die Welt ausgegossen wurde, feiert seine Auferstehung in der Seele, wenn sein Schöpfungswort verstanden und in der Seele nachgebildet wird. Dann hat der Mensch in sich den Gott, den Mensch gewordenen Gottesgeist, den Logos, Christus, auf geistige Art geboren. In diesem Sinne war die Erkenntnis für Philo und für diejenigen, die in seinem Sinne dachten, eine Christusgeburt innerhalb der Welt des Geistigen. Eine Fortbildung dieser philonischen Denkungsart war auch die neuplatonische Weltanschauung, die sich mit dem Christentum zugleich fortbildete. Man sehe, wie *Plotin* (204 bis 269 n. Chr.) seine geistigen Erlebnisse schildert:

«Oftmals, wenn ich aus dem Schlummer der Körperlichkeit erwache, zu mir komme, von der Außenwelt abgewendet in mich einkehre, so schaue ich eine wundersame Schönheit; dann bin ich gewiß, meines besseren Teiles inne geworden zu sein; ich betätige das wahre Leben, bin mit dem Göttlichen geeint, und in ihm gegründet, gewinne ich die Kraft, mich noch über die Überwelt hinaus zu versetzen. Wenn ich dann nach diesem Ruhen in Gott aus dem Geistesschauen wieder zur Gedankenbildung herabsteige, dann frage ich mich, wie es zuging, daß ich jetzt herabsteige und daß überhaupt einmal meine Seele in den Körper eingegangen ist, da sie doch in ihrem Wesen so ist, wie sie sich mir eben gezeigt hatte», und «was mag denn der Grund sein, daß die Seelen den Vater, Gott, vergessen, da sie doch aus dem Jenseits stammen und ihm gehören und so von ihm und sich selbst nichts wissen? Des Bösen Anfang ist für sie der Wagemut und die Werdelust und die Selbstentfremdung und die Lust, nur sich zu gehören. Es gelüstete sie nach Selbstherrlichkeit; sie tummelten sich nach ihrem Sinne, und so gerieten sie auf den Abweg und schritten zum vollen Abfalle vor, und damit schwand ihnen die Erkenntnis ihres Ursprungs aus dem Jenseits, wie Kinder, früh von ihren Eltern getrennt und in der Ferne aufgezogen, nicht wissen, wer sie und ihre Eltern sind.» Die Lebensentwicklung, welche die Seele suchen soll, wird von Plotin dargestellt: «Befriedet sei ihr Körperleben und dessen Wogenschlag, befriedet sehe sie alles, was sie umgibt: die Erde und das Meer und die Luft und den Himmel selbst, ohne Regung. Sie lerne darauf achten, wie die Seele von außen her in den ruhenden Kosmos gleichsam sich ergießt und einströmt, von allen Seiten andringt und einstrahlt; wie die Sonnenstrahlen eine dunkle Wolke erleuchten und goldig erglänzen machen, so verleiht die Seele, wenn sie in den Leib der himmelumspannten Welt eingeht, ihm Leben und Unsterblichkeit.»

Es ergibt sich, daß diese Weltanschauung mit dem Christentum eine tiefgehende Ähnlichkeit hat. Bei den Bekennern der Jesusgemeinde heißt es: «Was von Anfang an geschehen ist, was wir gehört und gesehen haben mit Augen, was wir selbst geschauet, was unsere Hände berührt haben von dem *Worte des Lebens* ... das melden wir euch»; so könnte im Sinne des Neuplatonismus gesagt werden: Was vom Anfange an geschehen ist, was man nicht hören und sehen kann: das muß man spirituell erleben als das *Wort des Lebens.* – Die Entwicklung der alten Weltanschauung vollzieht sich somit in einer Spaltung. Sie führt zu einer Christus-Idee, die sich auf rein Geistiges bezieht, im Neuplatonismus und ähnlich gerichteten Weltanschauungen; und andrerseits zu einem Zusammenfließen dieser Christus-Idee mit einer geschichtlichen Erscheinung, der Persönlichkeit Jesu. Den Schreiber des Johannes-Evangeliums kann man den Verbinder der beiden Weltanschauungen nennen. «Im Urbeginne war das Wort.» Diese Überzeugung teilt er mit den Neuplatonikern. Das Wort wird Geist im Innern der Seele: das folgern die Neuplatoniker. Das Wort ist in Jesus Fleisch geworden, das folgert der Schreiber des Johannes-Evangeliums, und mit ihm die Christengemeinde. Der nähere Sinn, wie das Wort allein Fleisch werden konnte, war durch die ganze Entwicklung der alten Weltanschauungen gegeben. Plato erzählt ja das makrokosmische: Gott hat auf den Weltleib in *Kreuzesform* die Weltseele gespannt. Diese Weltseele ist der Logos. Soll der Logos Fleisch werden, so muß er im Fleisches-Dasein den kosmischen Weltprozeß wiederholen. Er muß ans Kreuz geschlagen werden und auferstehen. Als geistige Vorstellung war dieser wichtigste Gedanke des Christentums in den alten Weltanschauungen längst vorgezeichnet. Als persönliches Erlebnis machte es der Myste bei der «Einweihung» durch. Als Tatsache, die für die ganze Menschheit Geltung hat, mußte es der «Mensch gewordene Logos» durchmachen. Etwas, was also Mysterienvorgang in der alten Weisheitsentwicklung war: das wird durch das Christentum zur historischen Tatsache. Dadurch wurde das Christentum die Erfüllung nicht nur dessen, was die jüdischen Propheten vorhergesagt hatten; sondern es wurde auch die Erfüllung dessen, was die Mysterien vorhergebildet hatten. – Das Kreuz auf Golgatha ist der in eine Tatsache zusammengezogene Mysterienkult des Altertums. Dieses Kreuz begegnet uns zuerst in den alten Weltanschauungen; es begegnet uns innerhalb eines einmaligen Ereignisses, das für die ganze Menschheit gelten soll, am Ausgangspunkte des Christentums. Von diesem Gesichtspunkte aus kann das Mystische im Christentum begriffen werden. Das Christentum als mystische Tatsache ist eine Entwicklungsstufe im Werdegang der Menschheit; und die Ereignisse in den Mysterien und die durch dieselben bedingten Wirkungen sind die Vorbereitung zu dieser mystischen Tatsache.

Die volle Gewalt des Kampfes, der sich in den Seelen christlicher Bekenner beim Übergang aus dem Heidentum zu der neuen Religion abgespielt hat, kommt in der Persönlichkeit des *Augustinus* (354–430) zur Anschauung. Man betrachtet die Seelenkämpfe eines Origenes, Clemens von Alexandrien, Gregors von Nazianz, Hieronymus und anderer in geheimnisvoller Art mit, wenn man sieht, wie diese Kämpfe in dem Geiste des Augustinus zur Ruhe gekommen sind.

Augustinus ist eine Persönlichkeit, in der sich aus einer leidenschaftlichen Natur heraus die tiefsten geistigen Bedürfnisse entwickeln. Er geht durch heidnische und halbchristliche Vorstellungen hindurch. Er leidet tief unter den furchtbarsten Zweifeln, wie sie einen Menschen befallen können, der die Ohnmacht vieler Gedanken gegenüber den geistigen Interessen erprobt hat und der die niederschlagende Empfindung gekostet hat von dem: «Kann denn der Mensch überhaupt etwas wissen?»

Im Anfange seines Strebens hafteten die Vorstellungen des Augustinus am Sinnlich-Vergänglichen. Er konnte sich das Geistige nur in sinnlichen Bildern veranschaulichen. Er empfindet es wie eine Befreiung, als er sich über diese Stufe erhoben hat. Das schildert er in seinen «Bekenntnissen»: «Daß ich mir, wenn ich Gott denken wollte, Körpermassen vorstellen mußte, und glaubte, es könne nichts existieren als derartiges, das war der gewichtigste und fast der einzige Grund des Irrtums, den ich nicht vermeiden konnte.» Damit deutet er an, wohin der Mensch kommen muß, der das wahre Leben im Geiste sucht. Es gibt Denker, welche behaupten – und diese Denker sind nicht wenig zahlreich –:

man könne zu einem reinen, von allem sinnlichen Stoffe freien Vorstellen überhaupt nicht gelangen. Diese Denker verwechseln dasjenige, was sie *glauben* von ihrem eigenen Seelenleben sagen zu müssen, mit dem menschlich Möglichen. Die Wahrheit ist vielmehr, daß man zu einer höheren Erkenntnis erst kommen kann, wenn man sich zu einem von allem sinnlichen Stoffe freien Denken entwickelt hat. Zu einem solchen Seelenleben, dessen Vorstellungen nicht mehr dann aufhören, wenn die Veranschaulichung durch sinnliche Eindrücke aufhört. Augustinus erzählt, wie er zum geistigen Schauen aufgestiegen ist. Er fragte überall an, wo das «Göttliche» ist. «Ich fragte die Erde und sie sprach: Ich bin es nicht, und was auf ihr ist, bekannte das Gleiche. Ich fragte das Meer und die Abgründe, und was von Lebendem sie bergen, und sie antworteten: Wir sind nicht dein Gott; suche über uns. Ich fragte die wehenden Lüfte, und es sprach der ganze Dunstkreis samt allen seinen Bewohnern: Die Philosophen, die in uns das Wesen der Dinge suchten, täuschten sich: wir sind nicht Gott. Ich fragte Sonne, Mond und Sterne, sie sprachen: Wir sind nicht Gott, den du suchst.» Und Augustinus erkannte, daß es nur eines gibt, das Antwort erteilt auf seine Frage nach dem Göttlichen: die eigene Seele. Sie sprach: Kein Auge, kein Ohr kann dir mitteilen, was in mir ist. Das kann ich dir nur selbst sagen. Und ich sage es dir auf unzweifelhafte Weise. «Ob die Lebenskraft in der Luft oder im Feuer liegt, darüber konnten die Menschen zweifelhaft sein, aber wer wollte zweifeln, daß er lebt, sich erinnert, versteht, will, denkt, weiß und urteilt? Wenn er zweifelt, so lebt er ja, erinnert er sich ja, weshalb er zweifelt, versteht er ja, daß er zweifelt, will er sich ja vergewissern, denkt er ja, weiß er ja, daß er nichts weiß, urteilt er ja, daß er nichts voreilig annehmen dürfe.» Die Außendinge wehren sich nicht, wenn wir ihnen Wesenheit und Dasein absprechen. Aber die Seele wehrt sich. Sie könnte ja nicht an sich zweifeln, wenn sie nicht wäre. Auch in ihrem Zweifel bestätigt sie ihr Dasein. «Wir sind und wir erkennen unser Sein und lieben unser Sein und Erkennen: In diesen drei Stücken kann uns kein dem Wahren ähnlicher Irrtum beunruhigen, denn wir ergreifen sie nicht wie die Außendinge mit einem körperlichen Sinne.» Vom Göttlichen erfährt der Mensch, indem er seine Seele dazu bringt, sich selbst erst als Geistiges zu erkennen, um als Geist den Weg in die geistige Welt zu finden. Dazu hatte sich Augustinus durchgerungen, dieses zu erkennen. Aus solcher Stimmung heraus erwuchs im heidnischen Volkstum den Erkenntnis suchenden Persönlichkeiten das Verlangen, an die Pforten der Mysterien anzuklopfen. Im Zeitalter des Augustinus konnte man mit diesen Überzeugungen Christ werden. Der menschgewordene Logos, Jesus, hatte den Weg gewiesen, den die Seele zu gehen hat, wenn sie zu dem kommen will, wovon sie sprechen muß, wenn sie mit sich selbst ist. In Mailand wurde Augustin 385 die Belehrung des Ambrosius zuteil. Alle seine Bedenken gegen das Alte und Neue Testament schwanden, als ihm der Lehrer die wichtigsten Stellen nicht bloß dem Wortsinn nach, sondern «mit Aufhebung des mystischen Schleiers aus dem Geiste» deutete. In der geschichtlichen Tradition der Evangelien und in der Gemeinschaft, von der diese Tradition bewahrt wird, verkörpert sich für Augustinus das, was in den Mysterien behütet worden ist. Er hält sich allmählich davon überzeugt, daß «ihr Gesetz, das zu *glauben,* was sie nicht bewies, maßvoll und ohne Arg sei». Er kommt zu der Vorstellung: «Wer könnte so verblendet sein, zu sagen, die Kirche der Apostel verdienet keinen Glauben, die so treu ist und von so vieler Brüder Übereinstimmung getragen, daß diese deren Schriften so gewissenhaft den Nachkommen überlieferten, wie sie auch deren Lehrstühle bis zu den gegenwärtigen Bischöfen herab mit streng gesicherter Nachfolge erhalten hat.» Des Augustinus Vorstellungsart sagte ihm, daß mit dem Christusereignisse andere Verhältnisse für die nach dem Geist suchende Seele eingetreten waren, als sie vorher bestanden hatten. Für ihn stand fest, daß in dem Christus Jesus dasjenige in der äußeren geschichtlichen Welt sich geoffenbart hat, was der Myste durch die Vorbereitung in den Mysterien suchte. Einer seiner bedeutsamen Aussprüche ist: «Was man gegenwärtig die christliche Religion nennt, bestand schon bei den Alten und fehlte nicht in den Anfängen des Menschengeschlechtes, bis Christus im Fleische erschien, von wo an die wahre Religion, die schon vorher vorhanden war, den Namen der christlichen erhielt.» Für eine solche Vorstellungsart waren zwei Wege möglich. Der eine ist der, welcher sich sagt, wenn die menschliche Seele diejenigen Kräfte in sich ausbildet, durch welche sie zur Erkenntnis ihres wahren Selbst gelangt, so wird sie, wenn sie nur weit genug geht, auch zur Erkenntnis des Christus und alles dessen kommen, was mit ihm zusammenhängt. Dies wäre eine durch das Christusereignis bereicherte Mysterien-Erkenntnis gewesen. – Der andere Weg ist derjenige, welchen Augustinus wirklich eingeschlagen hat und durch welchen er für seine Nachfolger das große Vorbild geworden ist. Er besteht darin, mit der Entwicklung der eigenen Seelenkräfte an einem bestimmten Punkte abzuschließen und die Vorstellungen, welche mit dem Christusereignis zusammenhängen, aus den schriftlichen Aufzeichnungen und mündlichen Überlieferungen über dasselbe zu entnehmen. Den ersten Weg wies Augustinus, als dem Stolze der Seele entspringend, ab, der zweite entsprach für ihn der rechten Demut. So sagt er zu denen, welche den ersten Weg gehen wollen: «Ihr könntet Frieden finden in der Wahrheit, aber dazu bedarf es der Demut, die eurem starken Nacken so schwer ankommet.» Dagegen empfand er in unbegrenzter innerlicher Seligkeit die Tatsache, daß man seit der «Erscheinung des Christus im Fleische» sich sagen konnte: *Jede* Seele kann zum Erleben des Geistigen kommen, welche in sich selbst suchend so weit geht, als sie eben gehen kann, und dann, um zum Höchsten zu kommen, *Vertrauen* haben kann zu dem, was die schriftlichen und mündlichen Überlieferungen der christlichen Gemeinschaft über den Christus und seine Offenbarung aussagen. Er spricht sich darüber aus: «Welche Wonne und welch dauernder Genuß des höchsten und wahren Gutes sich nun darbietet, welche Heiterkeit, welcher Anhauch der Ewigkeit, wie soll ich das sagen? Es haben dies gesagt, soweit sich das eben sagen läßt, jene großen unvergleichlichen Seelen, denen wir zusprechen, daß sie geschaut haben und noch schauen. ... Wir erreichen einen Punkt, in dem wir erkennen, wie wahr das ist, was uns zu glauben geboten wurde, und wie gut und heilbringend wir bei unserer Mutter, der Kirche, auferzogen worden sind und welches der Nutzen jener Milch war, die der Apostel Paulus den Kleinen zum Tranke gab. ...» (Was aus der andern möglichen Vorstellungsart, der um das Christus-Ereignis bereicherten Mysterien-Erkenntnis sich entwickelt: das zu betrachten liegt außerhalb des Rahmens dieser Schrift.

Es findet sich die Darstellung davon in meinem «Umriß einer Geheimwissenschaft».) – Während in vorchristlichen Zeiten derjenige Mensch, welcher die geistigen Gründe des Daseins suchen wollte, auf den Mysterienweg gewiesen werden mußte, konnte Augustinus auch denjenigen Seelen, welche in sich selber keinen solchen Weg gehen konnten, sagen: Kommt so weit, als sich mit euren menschlichen Kräften in der *Erkenntnis* kommen läßt; von da ab führt euch dann das *Vertrauen* (der Glaube) in die höheren geistigen Regionen hinauf. – Es war nun nur ein Schritt weiter zu gehen und zu sagen: Es liegt in dem Wesen der menschlichen Seele, durch ihre eigenen Kräfte bis zu einer gewissen Stufe der *Erkenntnis* nur kommen zu können; von da an könne sie nur weiterkommen durch Vertrauen, durch den Glauben an die schriftliche und mündliche Überlieferung. Dieser Schritt war durch diejenige Geistesströmung getan, welche dem *natürlichen Erkennen* ein gewisses Gebiet zuwies, über welches sich die Seele nicht durch sich selbst erheben kann; welche Strömung aber alles, was über diesem Gebiet lag, zum Gegenstande des *Glaubens* machte, der sich zu stützen hat auf die schriftliche und mündliche Überlieferung, auf das Vertrauen in ihre Träger. Der größte Kirchenlehrer, *Thomas von Aquino* (1224–1274), hat diese Lehre in seinen Schriften auf die verschiedenste Art zum Ausdrucke gebracht. Das menschliche Erkennen kann bis zu dem kommen, was dem Augustinus die Selbsterkenntnis gebracht hat, bis zur Gewißheit des Göttlichen. Das Wesen dieses Göttlichen und sein Verhältnis zur Welt liefert ihm dann die menschlichem Eigenerkennen nicht mehr zugängliche, geoffenbarte Theologie, die als Glaubensinhalt über alle Erkenntnis erhaben ist.

Man kann diesen Gesichtspunkt förmlich in seiner Entstehung beobachten in der Weltanschauung des *Johannes Scotus Erigena,* der im neunten Jahrhundert am Hofe Karls des Kahlen lebte und der auf die natürlichste Weise von den ersten Zeiten des Christentums zu den Gesichtspunkten des Thomas von Aquino hinüberleitet. Seine Weltanschauung ist im Sinne des Neuplatonismus gehalten. Die Lehren des Dionysius des Areopagyten hat Scotus in seinem Werke über die «Einteilung der Natur» weiter gebildet. Das war eine Lehre, die von dem über alles Sinnlich-Vergängliche erhabenen Gott ausgeht und von diesem die Welt ableitet (vgl. S. 154 f.). Der Mensch ist eingeschlossen in die Verwandlung aller Wesen zu diesem Gotte hin, der am Ende das erreicht, was er, vom Anfange an, war. In die durch den Weltprozeß hindurchgegangene und zuletzt vollendete Gottheit fällt alles wieder zurück. Aber der Mensch muß, um dahin zu gelangen, den Weg zu dem Fleisch gewordenen Logos finden. Dieser Gedanke führt bei Erigena schon zu dem andern: Was in den Schriften enthalten ist, die über diesen Logos berichten, das führt als Glaubensinhalt zum Heil. Vernunft und Schriftautorität, *Glaube* und *Erkenntnis* stehen nebeneinander. Eines widerspricht nicht dem andern; aber der Glaube *muß* bringen, wozu das Erkennen sich nie bloß durch sich selbst erheben kann.

*

Was im Sinne der Mysterien der Menge vorenthalten werden sollte, die *Erkenntnis* des Ewigen, das war für diese Vorstellungsart durch die christliche Gesinnung zum *Glaubensinhalte* geworden, der, *seiner Natur* nach, sich auf etwas dem bloßen Erkennen Unerreichbares bezog. Der vorchristliche Myste war der Überzeugung: ihm sei die Erkenntnis des Göttlichen und dem Volke der bildliche Glaube. Das Christentum wurde der Überzeugung: Gott hat durch seine Offenbarung die Weisheit dem Menschen geoffenbart; diesem kommt durch seine Erkenntnis ein Abbild der göttlichen Offenbarung zu. Die Mysterienweisheit ist eine Treibhauspflanze, die Einzelnen, Reifen, geoffenbart wird; die christliche Weisheit ist ein Mysterium, das als Erkenntnis *Keinem*, als Glaubensinhalt *Allen* geoffenbart wird. Im Christentum lebte der Mysterien-Gesichtspunkt fort. Aber er lebte fort in veränderter Form. Nicht der besondere Einzelne, sondern Alle sollten der Wahrheit teilhaftig werden. Aber es sollte so geschehen, daß man von einem gewissen Punkte der Erkenntnis deren Unfähigkeit erkannte, weiter zu gehen, und von da aus zum Glauben aufstieg. Das Christentum holte den Inhalt der Mysterien-Entwicklung aus der Tempeldunkelheit in das helle Tageslicht hervor. Die Eine gekennzeichnete Geistesrichtung innerhalb des Christentums führte zu der Vorstellung, daß dieser Inhalt in der Form des *Glaubens* verbleiben müsse.

Zu S. 13: Die Worte Ingersolls werden an dieser Stelle des Buches nicht etwa bloß im Hinblicke auf solche Menschen angeführt, welche sie in genau demselben Wortlaute als ihre Überzeugung aussprechen. Gar viele werden dies nicht tun und dennoch sich über die Naturerscheinungen und den Menschen solche Vorstellungen machen, daß sie, wenn sie wirklich konsequent wären, zu diesen Aussprüchen kommen müßten. Es kommt nicht darauf an, was jemand theoretisch als seine Überzeugung ausspricht, sondern darauf, ob diese Überzeugung wirklich aus seiner ganzen Denkungsart folgt. Es mag jemand für seine Person die obigen Worte sogar verabscheuen oder lächerlich finden: wenn er, ohne zu den geistigen Untergründen der Naturerscheinungen aufzusteigen, sich eine das bloß Äußerliche berücksichtigende Erklärung derselben bildet, so wird der andere als eine logische Folge eine materialistische Philosophie daraus machen.

Zu S. 14: Aus den Tatsachen, welche gegenwärtig mit den Schlagworten «Kampf ums Dasein», «Allmacht der Naturzüchtung» usw. behandelt werden, spricht für den, der richtig wahrnehmen kann, gewaltig der «Geist der Natur». Aus den *Meinungen,* welche sich die Wissenschaft darüber heute bildet, nicht. In dem erstern Umstande liegt der Grund, warum die Naturwissenschaft in immer weiteren Kreisen gehört werden wird. Aus dem zweiten Umstande aber folgt, daß die Meinungen der Wissenschaft nicht so genommen werden dürfen, als ob sie notwendig zu der Erkenntnis der Tatsachen hinzugehörten. Die Möglichkeit, zu dem letztern verführt zu werden, ist aber in gegenwärtiger Zeit unbegrenzt groß.

Zu S. 16: Es soll mit solchen Bemerkungen, wie diejenige über die Quellen des Lukas usw. eine ist, nicht geschlossen werden, daß die rein geschichtliche Forschung von dem Verfasser dieses Buches unterschätzt werde. Das ist nicht der Fall. Sie hat durchaus ihre Berechtigung, nur sollte sie nicht unduldsam sein gegen die Vorstellungsart, welche von geistigen Gesichtspunkten ausgeht. Es wird in diesem Buche nicht darauf Wert gelegt, bei jeder Gelegenheit Zitate über alles Mögliche zu bringen; doch kann derjenige, welcher *will*, durchaus sehen, daß ein *allseitiges*, wirklich unbefangenes Urteilen das hier Gesagte nirgends in Widerspruch finden wird mit dem wahrhaft historisch Festgestellten. Wer allerdings nicht allseitig sein will, sondern diese oder jene Theorie für das hält, was «man» als sicher festgestellt hat, der kann finden, daß die Behauptungen dieses Buches sich vom «wissenschaftlichen» Standpunkte aus «nicht halten lassen», sondern «ohne alle objektive Grundlage» dastehen.

Zu S. 21: Es wird oben gesagt, daß diejenigen, deren geistige Augen geöffnet sind, in das Gebiet der geistigen Welt *schauen* können. Daraus möge aber nicht der Schluß gezogen werden, daß nur derjenige ein verständnisvolles Urteil über die Ergebnisse des Eingeweihten haben kann, welcher selbst die «geistigen Augen» hat. Diese gehören nur zum Forschen; wenn dann das Erforschte mitgeteilt wird, dann kann es *jeder* verstehen, welcher seine Vernunft und seinen unbefangenen Wahrheitssinn sprechen läßt. Und ein solcher kann diese Ergebnisse auch im Leben anwenden und sich Befriedigung aus ihnen holen, ohne daß er selbst schon die «geistigen Augen» hat.

Zu S. 24: Das «Versinken im Schlamm», von dem Plato

spricht, muß auch im Sinne dessen gedeutet werden, was eben z. S. 21 als Bemerkung hinzugefügt worden ist.

Zu S. 25 f.: Was gesagt ist über die Unmöglichkeit, die Lehren der Mysterien mitzuteilen, bezieht sich darauf, daß sie *in der Form,* in welcher sie der Eingeweihte erlebt, nicht dem Unvorbereiteten mitgeteilt werden können; in *der* Form aber, in welcher sie verstanden werden können von dem nicht Eingeweihten, wurden sie immer mitgeteilt. Die Mythen gaben z. B. die *alte Form,* um den Inhalt der Mysterien in allgemein verständlicher Art mitzuteilen.

Zu S. 71: Als «Mantik» ist für die alte Mystik alles dasjenige zu bezeichnen, was sich auf ein Wissen durch «Geistesaugen» bezieht; «Telestik» ist dagegen die Angabe der Wege, welche zur Einweihung führen.

Zu S. 125: *«Kabiren»* sind im Sinne der alten Mystik Wesen mit einem Bewußtsein, welches hoch über dem gegenwärtigen menschlichen liegt. Durch die Einweihung – dies will Schelling sagen – steigt der Mensch selbst über sein gegenwärtiges Bewußtsein zu einem hoeheren hinauf.

Zu S. 137: Über die Bedeutung der Siebenzahl kann man sich aufklären aus meiner «Geheimwissenschaft».

Zu S. 138: Es können hier die Bedeutungen der apokalyptischen Zeichen nur ganz kurz angedeutet werden. Man könnte natürlich in alle diese Dinge viel tiefer hineinweisen. Doch liegt dies nicht in dem Rahmen dieses Buches.

ANHANG

Vorwort Rudolf Steiners zur ersten Auflage 1902
(in allen weiteren Auflagen nicht mehr enthalten)

Im Brüsseler Wiertz-Museum ist ein Bild: «Die Dinge der Gegenwart vor den Menschen der Zukunft». Der interessante Künstler (Antoine Wiertz, geb. 1806, gest. 1865) stellt einen Riesen dar, der in seiner Hand winzige Dinge hält und sie seiner Frau und seinem Kinde zeigt: unsere Kanonen, unsere Szepter, unsere Ehrenzeichen und Triumphbogen und die Fahnen unserer Parteien. – Winzig erscheinen diese «Errungenschaften unserer Kultur», gesehen von dem Gesichtspunkte einer zukünftigen Gedankenwelt und einer Zivilisation, die der unsern gegenüber ein geistiger Riese ist. – Von der eigentlichen prophetischen Idee dieses Bildes sei hier abgesehen: dem Beobachter des geistigen Fortschrittes kann aber, wenn er vor dem Bilde steht, eine andere Idee aufsteigen. Könnten nicht etwa auch unsere Gegenwarts-Vorstellungen über Welt und Leben ähnlich winzig vor der Gedankenwelt der Zukunft erscheinen? Und welche welthistorische Sühne würde sich dann vollziehen für den Hochmut, mit dem mancher unserer Zeitgenossen auf die «kindlichen» Vorstellungen blickt, die sich unsere Vorfahren über das Wesen der Welt und des Menschen gemacht haben und die wir doch durch unsere auf die «gewaltigen Fortschritte der Naturerkenntnis» gestützten «neuen Glaubensartikel» so sehr «überflügelt haben». – – –

Man kann wohl zu diesem Gedanken kommen, auch wenn man nicht in einer der herrschenden Kirchenlehren befangen ist, sondern in jeder Beziehung auf dem Boden der gegenwärtigen Naturerkenntnis steht. Oder vielleicht gerade dann, wenn man solchen Standort einnimmt. – Mit tiefer Befriedigung erfüllt es sicherlich, die Reihe der Lebewesen vom kleinsten bis herauf zum Menschen zu verfolgen und die Verwandtschaft alles Lebens von dem Gesichtspunkte fortschreitender *Entwickelung* zu betrachten. Viele von uns mögen mit Recht um keinen Preis *Haeckels*

«Natürliche Schöpfungsgeschichte» mit irgendeiner «übernatürlichen» vertauschen. – Und dennoch fühlen tiefer angelegte Naturen eine schmerzliche Unbefriedigung, wenn sie auf den Gegensatz blicken, der «zwischen dem natürlichen Leben nach darwinistischer Interpretation und den Anforderungen einer *höheren Menschlichkeit»* besteht. (Man sehe diese Unbefriedigung in einer glänzenden Darstellung durch *Rosa Mayreder* in einem Aufsatze *«Neue Religion».* Ernst Haeckel und die Welträtsel, Nr. 45 von 1901 der «Wiener Klinischen Rundschau».)

Wer einen Blick unter die Oberfläche der neuzeitlichen Gedankenentwickelung zu werfen vermag, dem gähnt eine tiefe Kluft entgegen zwischen zwei Faktoren im Leben unserer Kulturmenschheit. Der *Verstand* dieser Kulturmenschheit fühlt sich nur befriedigt durch die naturgemäße Welterklärung, und das *Herz* hängt an den Empfindungen, die eine tausendjährige religiöse Erziehung und lebendige Überlieferung in es gelegt hat. Es besteht kein Einklang zwischen Verstand und Gemüt. «Die Wissenschaft appelliert stets an die vernünftige Einsicht, die Religion fordert das gläubige Hinnehmen des Unbegreiflichen» (Rosa Mayreder im oben genannten Aufsatz). –

Man muß sich fragen: Ist ein solcher Gegensatz notwendig, oder ist er vielleicht darin begründet, daß die Kulturmenschheit der Gegenwart noch nicht dazu gelangt ist, mit ihrem Herzen wirklich als erhebend und auch beglückend zu empfinden, was ihre Vernunft als wahr anzuerkennen genötigt ist? Die Antwort auf diese Frage scheint nur die zu sein: Wir *verstehen* die Naturerkenntnisse, aber wir wissen noch nicht mit ihnen zu *leben.*

Nein, wir *leben* nicht mit unseren Naturerkenntnissen. Wie viele sind doch froh, wenn ihnen jemand wie *Harnack* in seinem «Wesen des Christentums» (S. 12) sagt: «Wie verzweifelt stünde es um die Menschheit, wenn der höhere Friede, nach dem sie verlangt, und die Klarheit, Sicherheit und Kraft, um die sie ringt, abhängig wären von dem Maße des Wissens und der Erkenntnis.» Solche bekennen sich dann zu der «Wissenschaft» mit ihrem Verstande; denn sie dürfen ja die Sehnsucht ihres Herzens aus anderen Quellen befriedigen.

Wer nur zu sehen vermag, für den wird die Tatsache überall sichtbar, daß auch diejenigen, die fest auf dem Boden der Naturerkenntnis stehen, *nicht* mit dieser zu *leben* wissen. Ja nicht einmal die Meister dieser Naturerkenntnis wissen es. Es möge bei einem so begeisterten Verehrer *Ernst Haeckels,* wie es der Schreiber dieses Buches ist, nicht mißverstanden werden, wenn er sagt: Er hört aus den Kampfesworten, die Haeckel dem Christentum entgegenschleudert (vgl. die «Welträtsel»), oft die Empfindungen sprechen, die christliche Mißverständnisse in das Herz gelegt haben. Denn dürfte sonst der Verteidiger der naturgemäßen Entwickelung das Christentum anders denn als eine Schöpfung naturgesetzlicher Entwickelung begreifen? Müßte er nicht wissen, daß wir mit einer Wahrheit *leben,* die zu vorhergehenden Gedankenwelten sich verhält wie auf der Stufe natürlicher Entwickelung der Mensch zu seinen tierischen «Vorfahren». Der «Christ» mag glauben, die einzige, alleinige Wahrheit zu besitzen; dem «naturgemäß» Denkenden steht es schlecht, steht es zu «christlich» zu Gesichte, wenn er die «Vorfahren» seiner «Wahrheiten» nicht in ihrer berechtigten *Entwickelung* verfolgt, sondern sie nur als abgetane kindliche Glaubensartikel bekämpft. – Wer die «Wahrheit» nicht nur *versteht,* sondern in ihr, mit ihr lebt: der sieht sie in immerwährendem Flusse, in fortschreitender, naturgesetzlicher *Entwickelung,* wie alle Dinge der Natur. –

Man lerne die Wahrheit, zu der sich unser Verstand bekennt, in ihrer naturgemäßen Entwickelung von ihren Vorfahren, von ihren Vor-Wahrheiten kennen, und man wird mit dem Herzen dem Verstande folgen können. Der Mensch aber, der mit seinem Verstande an der Naturerkenntnis und mit seinem Herzen – ohne daß er ahnt, wie stark – an den kirchlichen Überlieferungen hängt, gleicht einem Lebewesen, das über die Stufe des Fisches in seinem Körperbau längst hinaus ist und das doch noch im Wasser schwimmen möchte.

Das ist die Gesinnung, mit der in diesem Buche eine Seite in der Entwickelung des Christentums verfolgt ist. Keine Zeile möchte ich geschrieben haben, die ich nicht vor einer wirklich sich selbst verstehenden Naturerkenntnis rechtfertigen könnte, aber auch keine, die mit der grob-materialistischen Auffassung vieler naturwissenschaftlich Denkender unserer Tage zusammenfällt.

Im «Vorworte» darf der Verfasser wohl auch noch einige persönliche Bemerkungen sich erlauben, die für die Leser zunächst nichts mit seiner Gedankenwelt zu tun haben – für ihn vielleicht aber in einem ganz besonderen Sinne. Vorerst sei mein herzlichster Dank dem Grafen und der Gräfin Brockdorff gesagt, auf deren Aufforderung hin ich die Ideen dieses Buches im verflossenen Winter gleich denen meiner vorherigen Schrift «Die Mystik im Aufgange des neuzeitlichen Geisteslebens» als Vorträge in der Berliner theosophischen Bibliothek entwickeln durfte. Ihnen, sowie – einem tiefen Freundschaftsbedürfnis entsprechend – meinen lieben Wiener Freunden, Rosa Mayreder und Moritz Zitter, sei diese Schrift zugeeignet. Den letzteren, die meinem Erkenntnisstreben viele Jahre lang so nahe stehen, möchte ich gerade beim Abschlusse dieses Buches einen herzlichen Gruß senden.

Rudolf Steiner

Zu dieser Ausgabe

Das Buch «Das Christentum als mystische Tatsache» ist die schriftliche Ausarbeitung einer 24 Vorträge umfassenden Vortragsreihe, die Rudolf Steiner von Oktober 1901 bis April 1902 in der Berliner Theosophischen Bibliothek auf Einladung von Cay Lorenz Graf von Brockdorff und Sophie Gräfin von Brockdorff gehalten hat. Die Zeit dieser Vortragstätigkeit schildert Steiner in «Mein Lebensgang» (1923–1925), GA 28, Kap. XXX, S. 392–396.

Textgrundlage: Der ersten Auflage von 1902 unter dem Titel «Das Christentum als mystische Tatsache» folgte 1910 eine zweite, neu durchgearbeitete und erweiterte Auflage mit dem erweiterten Titel «Das Christentum als mystische Tatsache und die Mysterien des Altertums». Die dritte und vierte Auflage im Jahre 1910 waren unveränderte Nachdrucke der zweiten. Für die fünfte Auflage (vorgesehen für 1921 im Verlag «Der Kommende Tag A.G.» Stuttgart; erschienen 1925 im Philosophisch-Anthroposophischen Verlag Dornach) bearbeitete und erweiterte Rudolf Steiner den Text noch einmal. Diese letzte von Rudolf Steiner besorgte Ausgabe liegt allen späteren Auflagen zugrunde.

Die siebente Auflage (1959, erste Auflage innerhalb der Gesamtausgabe) wurde besorgt von Ruth Moering. Der Text wurde in Orthographie, Interpunktion, Abkürzungen und Zitaten vereinheitlicht.

Die achte Auflage (1976) wurde besorgt von Hans W. Zbinden und von Caroline Wispler und Karl-Martin Dietz mit biographisch-bibliographischen Hinweisen und einem Namenregister versehen. Die Zitate und Buchtitel wurden überprüft und nötigenfalls korrigiert. Im Anhang wurde das Vorwort von Rudolf Steiner zur ersten Auflage abgedruckt.

Für die neunte Auflage (1989) wurde der Text mit der letzten von Rudolf Steiner besorgten Ausgabe (1925) und den dazugehörigen Korrekturfahnen genau verglichen. Alle seit dieser Ausgabe von Herausgebern vorgenommenen Korrekturen wurden geprüft und entweder rückgängig gemacht oder, wo nötig, so belassen und in nachfolgendem Verzeichnis der Textkorrekturen und Textvarianten nachgewiesen. Nicht besonders erwähnt wurden Druckfehlerkorrekturen und die behutsamen Modernisierungen in Orthographie und Interpunktion sowie die geringfügigen Abweichungen bei Zitaten. Bei Zweifelsfällen wurde auf die zweite und auf die erste Auflage zurückgegriffen. Die Hinweise und das Namenregister wurden ergänzt.

David Hoffmann

Verzeichnis der Textkorrekturen des Herausgebers und der Textvarianten in den Korrekturfahnen zur 5. Aufl. 1925

Seite	Zeile	
15	21f.	*Denken über rein Physisches, von* statt *Denken, über rein Physisches von:* Sinngemäße Umstellung des Kommas durch den Herausgeber
100	22	*verstanden:* In der Korrekturfahne zur 5. Aufl., 1925: *ersehen*
101	31	*vorbereitenden* statt *vorbereiteten:* Korrektur des Herausgebers nach der 1. Aufl., 1902
106	15	*Christenwesenheit:* In der Korrekturfahne zur 5. Aufl., 1925: *Christuswesenheit.*
109	19	*umschließt, in* statt *umschließt in:* Sinngemäße Einfügung des Kommas durch den Herausgeber
160	28f.	*wie in der Mysterienweisheit:* In der Korrekturfahne zur 5. Aufl., 1925, folgt nach dieser Stelle die Einfügung: *auch im Sinne der Bibel:*

Hinweise zum Text

Eine große Zahl der Zitate konnte nachgewiesen werden mit Hilfe des von Rudolf Steiner benutzten Werkes: Otto Willmann, «Geschichte des Idealismus»; insbesondere Band I «Vorgeschichte und Geschichte des antiken Idealismus», Braunschweig 1894, und Band II «Der Idealismus der Kirchenväter und der Idealismus der Scholastiker», Braunschweig 1896. Das Arbeitsexemplar Rudolf Steiners ist in dessen nachgelassener Bibliothek vorhanden.

Die Zitate aus den Schriften der Vorsokratiker werden hier, soweit möglich, nachgewiesen nach: Hermann Diels, «Fragmente der Vorsokratiker», herausgegeben von Walter Kranz, 3 Bde., 16./17. Aufl. 1972/1974/1987. Siehe auch «Die Vorsokratiker», ausgewählt, übersetzt und erläutert von Jaap Mansfeld, 2 Bde., Stuttgart (Reclam) 1983/1986.

zu Seite

9 *Edouard Schuré* (1841-1929), französischer Schriftsteller. «Les Grands Initiés, Esquisses de l'Histoire secrète des Religions», Paris 1889. Autorisierte deutsche Übersetzung von Marie von Sivers (später Marie Steiner-von Sivers) unter dem Titel «Die großen Eingeweihten, Skizze einer Geheimlehre der Religionen», Leipzig 1907. (Neuauflagen im O. W. Barth Verlag München). Die Vorworte zur ersten, zweiten (1911) und dritten (1918) deutschen Auflage verfaßte Rudolf Steiner. Edouard Schuré besorgte 1908 die erste Übersetzung von «Das Christentum als mystische Tatsache» ins Französische unter dem Titel «Le mystère chrétien et les mystères antiques», womit die von Rudolf Steiner für die zweite Auflage seines Werkes (1910) vorgenommene Titelerweiterung zu «Das Christentum als mystische Tatsache *und die Mysterien des Altertums»* schon vorausgenommen war. Für diese französische Ausgabe verfaßte Schuré aufgrund schriftlicher und mündlicher Mitteilungen Rudolf Steiners eine ausführliche biographisch-historische Einleitung, die, in deutscher Übersetzung, abgedruckt ist in: «Beiträge zur Rudolf Steiner Gesamtausgabe», Nr. 42, Dornach, Sommer 1973, S. 3-27. Siehe auch: Camille Schneider, «Edouard Schuré, Seine Lebensbegegnung mit Rudolf Steiner und Richard Wagner», Freiburg i. Br. 1971.

10 *daß die erste Auflage ... auch in andere europäische Sprachen übersetzt ist:* Italienische Übersetzung von Vittoria Wollisch (mit der übersetzten Einleitung von Schuré) unter dem Tiel «Il christianesimo quale fatto mistico», Palermo 1910. Norwegische Übersetzung von Helga Geelmuyden unter dem Titel «Kristendommen som mystisk kjendsgjerning», Kristiania [Oslo], o.J. [1909].

13 *Robert Green Ingersoll* (1833-1899), amerikanischer politischer Redner und Schriftsteller. Das Zitat über Hamlet stammt aus Ingersolls Werk «Moderne Götterdämmerung», dt. von Wolfgang Schaumburg, Leipzig o.J., S. 34.

14 *Charles Darwin* (1809-1882), englischer Naturforscher. «On the Origin of Species by Means of Natural Selection or the Preservation of Favoured Races in the Struggle for Life» (1859).

14 *Ernst Haeckel* (1834–1919), deutscher Naturforscher. «Anthropogenie oder Entwicklungsgeschichte des Menschen» (Zwei Teile, 1874).

Sir Charles Lyell (1797–1875), englischer Geologe; «Principles of Geology» (3 Bde., 1830–33).

Zu der Auseinandersetzung Rudolf Steiners mit Darwin, Haeckel und Lyell siehe in: «Methodische Grundlagen der Anthroposophie 1884–1901», GA 30, die Aufsätze «Haeckel und seine Gegner» (1899), «Charles Lyell. Zur hundertjährigen Wiederkehr seines Geburtstages» (1897) u.a. – sowie «Mein Lebensgang», GA 28 (Register).

19 *Aischylos* (um 525–456 v. Chr.), der älteste der drei großen Tragödiendichter Griechenlands. Er stammte aus dem Mysterienort Eleusis. Zur Anklage des Mysterienverrats siehe Clemens von Alexandrien, «Stromateis» 2, 60, 3, und Aristoteles «Nikomachische Ethik», 3. Buch, 2. Kap., 1111 a 10.

23 *Menippus von Gadara* (um 280 v. Chr.), griechischer Philosoph, Kyniker; wo das Ereignis berichtet wird, konnte bisher nicht festgestellt werden.

24 *Aelius Aristides* (129–189 n. Chr.), griechischer Rhetor.

«Ich glaubte den Gott zu berühren ...»: Aristides, Hieroi logoi, B 31.

daß in Schlamm versinkt ...: Plato, «Phaidon» 69 c; siehe S. 38 dieser Schrift.

24f. *Sophokles* (496–406 v. Chr.), griechischer Tragödiendichter aus Athen.

«Wie hochbeglückt gelangen ...»: Sophokles, Fragment 837 (nach Pearson), bzw. 719 (nach Dindorf).

27 *Plutarch* (Plutarchos von Chaironeia, um 45–125 n. Chr.), griechischer Philosoph und Biograph.

28 *nicht zweimal in derselben Welle schwimmen:* Heraklit, Fragment B 91; siehe auch S. 39 dieser Schrift.

der Tod des Feuers das Entstehen der Luft: Heraklit, Fragment B 76.

32 *«die größten Aufschlüsse...»:* Plutarch, «De defectu oraculorum» (Über den Verfall der Orakel) 14; 417b, c – Kleombrotos im Gespräch.

Marcus Tullius Cicero (106–43 v. Chr.), römischer Staatsmann, Rhetor, Philosoph und Schriftsteller.

In den Mysterien, «wenn sie erklärt ...»: Cicero, «De natura deorum I», 119.

34 *Xenophanes aus Kolophon* (um 580–490 v. Chr.), vorsokratischer Philosoph und Dichter.

«Menschen, die denken ...»: Xenophanes, Fragment B 14 und 15; vgl. auch Fragment B 11 und 12.

35 *«Ein Gott ist ...»:* Xenophanes, Fragment B 23; vgl. auch die Fragmente B 24 bis 26.

38 *«Und fast scheint es ...»:* Plato, «Phaidon» 69 c.

38f. *Heraklit aus Ephesus* (um 535–475 v. Chr.), vorsokratischer Philosoph.

ein Ausspruch über ihn: Überliefert wurde das antike Epigramm durch Diogenes Laertios (3. Jh. n. Chr.) in seinen «Leben und Meinungen berühmter Philosophen», IX, 16:

«Nicht schnell wende die Blätter des Herakleitischen Buches,
Steil und schroff ist der Pfad, den zu erklimmes es gilt.
Finsternis herrscht und düsteres Dunkel; doch, führt ein Geweihter
Dich durch das Buch, so strahlt's heller als Sonnenschein dir.»

39 *«Alles ist im Fluß»:* Dieser Satz findet sich nicht unter den von Heraklit selbst erhaltenen Fragmenten, er galt aber schon in der Antike als ein Kernstück seiner Lehre. Siehe Aristoteles, «De coelo» 3,1.

«In den selben Fluß ...»: Plutarch, «De E apud Delphos» (Über das E in Delphi) 18; 392 b; vgl. dazu Heraklit Fragment B 91 und B 12; siehe auch S. 28 dieser Schrift.

40 *«Dasselbe ist Leben und Tod, ...»:* Heraklit, Fragment B 88.

«Leben und Tod ist...»: Heraklit, bei Diels nicht aufgenommen; in der Fragmentenzählung nach Bywater Nr. 78 A.

«Wie sollen wir ...»: Heraklit, nicht wörtlich, vgl. B 49 a.

«Hades und Dionysos sind dasselbe.»: Heraklit, Fragment B 15.

41 *«Den Menschen ist nicht besser ...»:* Heraklit, Fragment B 110 und 111.

«Das Meer ist das reinste ...»: Heraklit, Fragment B 61.

Heftige Worte gegen Homer und Hesiod: Heraklit, Fragmente B 40, 42, 56, 57, 106.

«In sich zurückkehrend ...»: Heraklit, Fragment B 51; vgl. auch B 48.

42 *«Unsterbliche sind sterblich, ...»:* Heraklit, Fragment B 62.

42 *«Die Ewigkeit ... ist ein spielendes Kind ...»:* Heraklit, Fragment B 52; vgl. auch B 70 und 79.

43 *Feuer der Urstoff aller Dinge:* Heraklit, vgl. die Fragmente B 64 bis 66; 30, 31, 67, 84 a, 90.

Philon von Alexandrien (Philo Judaeus, um 25 v. Chr. - 50 n. Chr.), jüdisch-griechischer Philosoph. Siehe auch S. 158 ff dieser Schrift.

«Es gibt Leute, ...»: Philo, «De migratione Abrahami», 89.

Er läßt den Krieg den Vater der Dinge sein: Heraklit, Fragment B 53.

44 *in Harmonie wandeln:* Vgl. Heraklit, Fragment B 8 und 10.

45 *«Des Menschen Dämon ...»:* Heraklit, Fragment B 119.

46 *David Friedrich Strauß* (1808-1874), evangelischer Theologe und Schriftsteller. «Der alte und der neue Glaube. Ein Bekenntnis.» Leipzig 1872 - siehe besonders Abschnitt III, S. 176/177.

47 *Empedokles aus Agrigent* (um 490-430 v. Chr.), vorsokratischer Philosoph, Staatsordner und Arzt in Sizilien und Unteritalien.

48 *«Törichte sind's ...»:* Empedokles, Fragment B 11, 12, 15.

«Wenn du den Leib verlassend ...»: In dieser Form bei den Fragmenten des Empedokles nicht zu finden; siehe evtl. B 112.

In dem von Rudolf Steiner sonst oft beigezogenen Werk: Vincenz Knauer, «Die Hauptprobleme der Philosophie», Wien und Leipzig 1892, S. 97, werden diese Verse ohne nähere Angabe als Worte Heraklits zitiert.

49 *«Wer uneingeweiht ...»:* Siehe Hinweis zu S. 38.

Pindar (um 518-446 v. Chr.), griechischer Hymnendichter aus Theben.

«Selig, wer jene geschaut hat ...»: Pindar über die eleusinischen Mysterien; Fragment Nr. 121 (nach Bowra) bzw. Nr. 137 (nach Snell).

50 *Pythagoras* (um 580-496 v. Chr.), vorsokratischer Philosoph; eigene schriftliche Darstellungen seiner Lehre sind nicht überliefert.

Aristoteles (384-322 v. Chr.), Philosoph, Schüler Platons und Erzieher Alexanders des Großen. Gründer der peripatetischen Philosophenschule.

«Sie führten zuerst die Mathematik fort ...»: Aristoteles, Metaphysik I, 985 b, 24-34

52 *Gregorius von Nissa* (Gregor von Nyssa) (um 334–394 n. Chr.), Kirchenvater, Bischof von Nyssa (Kappadokien).

«Allein etwas Kleines, ...»: Gregor von Nyssa, «Große Katechese» X, 1.

54 *Plato* (427–347 v. Chr.), Philosoph, Schüler des Sokrates, Gründer der «Akademie» in Athen.

«Soviel kann ich über alle sagen, ...»: Plato, Siebenter Brief 341 b, d.

Ohnmacht im Gebrauch der Worte: Vgl. Plato, Siebenter Brief 343 a.

55 *Für sie sprang dann Feuer aus seinen Reden ...:* Vgl. Plato, Siebenter Brief 344 b.

55f. *«Fürwahr, mir meinesteils war ...»:* Plato, «Phaidon» 58e–59a.

57 *«Nämlich diejenigen ..., die sich ...»:* Plato, «Phaidon» 64a.

«Scheint dir es, daß sich ...»: Plato, «Phaidon» 64d–65a.

58 *«Wie aber steht es nun ...»:* Plato, «Phaidon» 65a, b.

59 *«Und der kann dies wohl ...»:* Plato, «Phaidon» 65e–66a.

«Heißt nun nicht der Tod ...»: Plato, «Phaidon» 67d, e.

60 *Wer ist tapfer?:* Plato, «Phaidon» 68 C.

«von Begierden nicht fortreißen zu lassen ...»: Plato, «Phaidon» 68c; zum folgenden vgl. «Phaidon» 69–80.

61f. *«wenn die Seele durch sich selbst ...»:* Plato, «Phaidon» 79d; 80a, b; 81a.

63 *«wenn das Unsterbliche ...»:* Plato, «Phaidon» 106 b.

64 *«Alle, die einigermaßen ...»:* Plato, «Timaios» 27c, d.

«daß die Gottheit als Retter ...»: Plato, «Timaios» 48d.

64f. *«Es haben schon viele ...»:* Plato, «Timaios» 22c, d.

65 *«Den Schöpfer und Vater dieses Alls ...»:* Plato, «Timaios» 28c; zum folgenden vgl. «Timaios» 32bff.

66 *Und gespannt auf diesen Weltleib ist in Kreuzesform die Weltseele:* Rudolf Steiner führt dieses Bild häufig an. Die Darstellung Platons im «Timaios», auf die er hier Bezug nimmt, ist Bestandteil eines komplexen, stufenweise entwickelten Dialogs über die Entstehung der Welt (Kap. 8 u. 9; 34b–37c). Der von Rudolf Steiner hier angeführte Wortlaut findet sich darin nicht in *dieser* Formulierung.

Ein anderer Beleg für dieses Bild ist eine Stelle in der Schrift des Wiener Philosophen und Geistlichen Vincenz Knauer: «Die Hauptprobleme der Philosophie in ihrer Entwickelung und ihrer theilweisen Lösung von Thales bis Robert Hamerling», Wien und Leipzig 1892. Rudolf Steiner hat in seinem erhalten gebliebenen Exemplar dieses Buches folgende Stelle auf S. 96 kräftig angestrichen: «Der Mythus berichtet hierüber im ‹Timäos›, Gott habe diese Weltseele in Kreuzesform durch das Universum gelegt und darüber den Weltenleib ausgespannt.» Auffallenderweise ist es hier der «Mythus», der das im Timaios berichtet.

Weder Platons «Timaios», auf den sich Rudolf Steiner im Text bezieht, noch Vincenz Knauers «Hauptprobleme der Philosophie», wo er die entsprechende Stelle kräftig angestrichen hatte, scheinen allerdings *Quellen* für das hier angeführte Bild zu sein. Vielmehr hat wohl Rudolf Steiner bei diesen Philosophen eine (etwas modifizierte) *Spur* des von ihm selbständig gefundenen Bildes entdeckt, was denn auch die Abweichung gegenüber den Darstellungen bei Plato und Knauer erklären würde. Diese Methode, seine geistigen Erkenntnisse durch historische Überlieferungen zu veranschaulichen und zu belegen, beschreibt er in seiner Autobiographie «Mein Lebensgang» (Kap. XXVI):

«An meiner Stellung zum Christentum wird voll anschaulich, wie ich in der Geisteswissenschaft gar nichts auf dem Wege gesucht und gefunden habe, den manche Menschen mir zuschreiben. Die stellen die Sache so hin, als ob ich aus alten Überlieferungen die Geist-Erkenntnis zusammengestellt hätte. Gnostische und andere Lehren hätte ich verarbeitet. Was im ‹Christentum als mystische Tatsache› an Geist-Erkenntnis gewonnen ist, das ist aus der Geistwelt selbst unmittelbar herausgeholt. Erst um Zuhörern beim Vortrag, Lesern des Buches den Einklang des geistig Erschauten mit den historischen Überlieferungen zu zeigen, nahm ich diese vor und fügte sie dem Inhalte ein. Aber nichts, was in diesen Dokumenten steht, habe ich diesem Inhalte eingefügt, wenn ich es nicht *erst* im Geiste vor mir gehabt habe.»

Das Grab des Göttlichen ...: In dieser Allgemeinheit ist der Satz bei Plato nicht zu finden; mehrfach jedoch in der Form, daß der menschliche Leib das Grab der Seele sei. – Siehe Hinweis zu S. 124.

67 *Philo, ... der wiedererstandene Plato:* Konnte in der Form nicht nachgewiesen werden. Siehe aber O. Willmann, «Geschichte des Idealismus» I, Braunschweig 1894, S. 601.

«Sohn Gottes» ... die aus dem Menschen geborene Weisheit: Siehe dazu Otto Willmann, «Geschichte des Idealismus» I, S. 616: Philons Logoslehre.

Das Buch, in dem «aller Weltbestand ...»: Philo, «Legum allegoriarum» I, 19. (Alle Philo-Zitate nach Willmann).

67 *«die Wege des Vaters nachahmend ...»:* Philo, «De confusione linguarum» 63.

«Da Gott der erste und einzige König ...»: Philo, «De posteritate Caini» 101/102.

68 *«Ich scheue mich nicht ...»:* Philo, «De migratione Abrahami» 34, 35.

«Wenn der Geist, von der Liebe ergriffen ...»: Philo, «Quod a Deo mittantur somnia» II, 232.

69 *«Wer Gott umgehen will, ...»:* Philo, «Legum allegoriarum» III, 29.

Hippolytos (3. Jh. n. Chr.; gest. wahrscheinlich 235), griechischer Kirchenvater.

«Das ist das große Geheimnis ...»: Hippolytos, «Refutatio omnium haeresium» V, 8.

70 *ergreift Sokrates das Wort:* Vgl. zum folgenden Plato, «Symposion» (Das Gastmahl) 198 a ff.

75 *Sallustius* (eig. Sallustios) (4. Jh. n. Chr.) griechischer Philosoph, Neuplatoniker, nicht zu verwechseln mit dem bekannteren römischen Historiker Gaius Sallustius Crispus (um 86–34 v. Chr.).

«Man könnte die ganze Welt ...»: Sallustius, «De Diis et mundo» III, 3 f.

77 *Plotin* (um 204–270 n. Chr.), griechischer Philosoph in Rom, systematischer Begründer und Hauptvertreter des Neuplatonismus.

«Die ägyptischen Weisen ...»: Plotin, V. Enneade 8, 6.

Mythos von Boreas: Plato, «Phaidros» 229 b.

78 *«Derartige Deutungen ...»:* Plato, «Phaidros» 229d–230a.

79 *Da wird die Seele dargestellt ...:* Plato, «Phaidros» 246aff.

80 *ein Gleichnis, das dem Buddha zugeschrieben wird:* Wurde bisher nicht gefunden.

82 *«Sie selbst bleiben die selben, ...»:* Empedokles, Fragment B 26.

«Hier zum klaren Beweise ...»: Empedokles, Fragment B 20.

83 *Gleiches nur durch Gleiches ...:* Empedokles, Fragment B 109.

83 *«Wär nicht das Auge sonnenhaft ...»:* In dieser Form in Goethes «Zur Farbenlehre», Didaktischer Teil, Entwurf einer Farbenlehre, Einleitung, in: Naturwissenschaftliche Schriften, herausgegeben und kommentiert von Rudolf Steiner in Kürschners «Deutsche National-Litteratur», (1884-97), 5 Bände, Nachdruck Dornach 1975, GA Bibl.-Nr. 1a-e; Bd. 3, GA Bibl.-Nr. 1c, S. 88. In leicht veränderter Form findet sich dieser Spruch auch in «Zahme Xenien» III.

83 *Liebe ist Aphrodite. ... Sie binden und Lösen ...:* Vgl. Empedokles, Fragmente B 86/87 und B 17 und 35.

90 *Homer* (8. Jh. v. Chr.), der älteste griechische Epiker.

91 *«Sage mir, Muse, vom Manne ...»:* Homer, «Odyssee» I, Vers 1-5. (Übersetzung von J. H. Voß).

94 *Karl Bötticher* (1806-1889), Archäologe in Berlin.

97 *«Wenn du vom Leibe befreit ...»:* Siehe Hinweis zu S. 48.

Richard Lepsius (1810-1884), Hauptbegründer der systematischen Ägyptologie, Berlin.

«das größte zusammenhängende Literaturwerk ...»: R. Lepsius, «Das Totenbuch der alten Ägypter», Leipzig 1848, Vorwort S. 17. Eine Sammlung der verschiedenen Stücke bietet: Das Totenbuch der Ägypter, übersetzt und kommentiert von Gregoire Kolpaktchy, München 1955. Vollständige deutsche Übersetzung mit Einleitung und Erläuterungen von Erik Hornung, erschienen im Artemis Verlag, Zürich 1979.

98 *«Der Osiris N ward geläutert ...»* und *«Ich bin der Osiris N. ...»:* Ägyptisches Totenbuch, Kapitel 125; Papyrus NU.

102 *Rudolf Seydel* (1835-1892), Philosoph und Theologe in Leipzig. «Buddha und Christus», Breslau 1884. Die hier zitierten Stellen über das Leben Buddhas finden sich auf S. 8-14.

Im Lukas-Evangelium heißt es: Luk. 1, 27 f u. 31 f.

105 *«Und es begab sich nach diesen Reden ...»:* Luk. 9, 28.

108 *«Was von Anfang an geschehen ist ...»:* 1. Joh. 1,1 u. 3.

Aurelius Augustinus (354-430 n. Chr.), der bedeutendste der lateinischen Kirchenväter.

«Ich würde dem Evangelium nicht glauben...»: Augustinus, «Contra epistulam Manichaei quam vocant fundamenti», 6.

109 *«Heute ist Christus geboren ...»:* Weihnachtsantiphon; siehe: Breviarium Romanum, vor Ende des Weihnachtsteils, In nativitate Domini. Überschrift: Ad Magnificat Antiphona:

Hodie Christus natus est, hodie Salvator apparuit,
Hodie in Terra canunt Angeli, laetantur Archangeli,
Hodie exultant iusti, dicentes: Gloria in excelsis Deo, alleluia.

111 *Adolf von Harnack* (1851–1930), evangelischer Theologe, Berlin.

«bequem auf eine Quartseite ...»: Harnack, «Das Wesen des Christentums», 16 Vorlesungen, Berlin 1900; 4. Aufl. Leipzig 1901, S. 13.

Otto Schmiedel, «Die Hauptprobleme der Leben-Jesu-Forschung», Tübingen und Leipzig 1902. Siehe dazu auch den Vortrag Rudolf Steiners «Von Jesus zu Christus», Karlsruhe, 4. Oktober 1911, GA Bibl.-Nr. 131, S. 9–35.

«Gemessen mit dem Maßstabe ...»: Harnack, a.a.O. S. 15.

116 *Plato einen attisch redenden Moses ...:* Siehe O. Willmann, «Geschichte des Idealismus» I, S. 589 u. II, S. 153.

116f. *«O Greis, was hast du getan? ...»:* Sohar II, 110 b. Siehe auch Hinweis zu S. 150.

117 *Und von vier Rabbinen ...:* Talmud, Hagigah, Kap. II, 14 b.

«Selig sind, die da glauben ...»: Johannes 20, 29.

118 *«Der Menschensohn ist gekommen ...»:* Lukas 19,10.

«es ist nicht hier oder dort, ...»: Lukas 17,20 und 21.

«Freuet euch nicht ...»: Luk. 10,20.

119 *Das Lazaruswunder:* Siehe zu diesem Kapitel Johannes 11.

120 *Ernest Renan* (1823–1892), französischer Religionswissenschaftler und philosophischer Schriftsteller. «La vie de Jesus», Paris 1863.

120–122 Die Zitate von Renan entstammen dem Buch: «Das Leben Jesu», aus dem Französischen übersetzt von Hans Helling, Reclam, Leipzig o. J., S. 261–263.

124 *der Leib des Menschen ein Grab ...:* Vgl. Plato, «Gorgias» 493a; «Kratylos» 400c; «Phaidon» 62b.

125 *Friedrich Wilhelm Joseph Schelling* (1775–1854), mit Fichte und Hegel Hauptvertreter des deutschen Idealismus.

125 *«Die Eingeweihte wurde ...»:* Die angeführte Stelle konnte in Schellings «Philosophie der Offenbarung» nicht gefunden werden, dagegen in Schellings «Über die Gottheiten von Samothrake», Eine Abhandlung, vorgelesen am 12. Oktober 1815, Stuttgart und Tübingen 1815, S. 40. Auch: Friedrich Wilhelm Joseph von Schellings Sämmtliche Werke, Erste Abteilung, Achter Band, Stuttgart und Augsburg 1861, S. 368.

Ädesius (4. Jh. n. Chr.), neuplatonischer Philosoph.

«Wenn du einst ...»: Nach der Überlieferung hat Ädesius diese Worte zu Julian Apostata gesprochen; siehe Joseph Bidez, «Julian der Abtrünnige», übersetzt von Hermann Rinn, München 1940, S. 80 (Bidez zitiert diese Episode aus: Eunapii vitae sophistiarum).

129 *Jacob Burckhardt* (1818–1897), Kunst- und Kulturhistoriker, Basel.

Die Mysterien seien Dinge, ...: J. Burckhardt, «Die Zeit Constantins des Großen», Gesamtausgabe, Zweiter Band, hrsg. von Felix Stähelin, Basel 1929, S. 163.

131 *«Die Offenbarung ...»:* Off. 1,1.

«Ich war im Geiste ...»: Off. 1,10f.

132 *«Schreibe dem Engel ...»:* Off. 2, 1–7.

135 *«Und aus seinem Munde ...»:* Off. 1,16.

«und ich war tot ...»: Off. 1,18.

135f. *«Danach schaute ich ...»:* Off. 4,1.

136 *«Und sogleich ward ...»:* Off. 4,3f.

136f. *«Und inmitten des Thrones ...»:* Off. 4,6–8.

«Siehe, es hat überwunden ...»: Off. 5,5.

Aischylos ungesühnt ...: Siehe S. 19 der vorliegenden Schrift und den Hinweis dazu.

137 *Als Siegel bezeichnet die mystische Weisheit des Philo ...:* Philo, «De legibus specialibus» I, 47

138 *«Ein Maß Weizen ...»:* Off. 6,6.

139 *«Und es ward ein Hagel ...»:* Off. 8,7.

141 *«Und ihre Leichname ...»:* Off. 11,8.

143 *«Selig sind ...»:* Joh. 20,29.

144 *«Und er spricht zu mir ...»:* Off. 22,10.

146 *Essäer:* Vgl. dazu Rudolf Steiner, «Das Matthäus-Evangelium», GA 131, und «Aus der Akasha-Forschung. Das Fünfte Evangelium», GA 148.

147 *Philo von Alexandrien* (siehe Hinweis zu S. 43), «De vita contemplativa» (Über das beschauliche Leben); die Schrift behandelt das Leben der in Ägypten wohnenden «Therapeuten».

«Die Wohnungen der Gemeindemitglieder ...»: Philo, «De vita contemplativa» 24 f.

«Sie besitzen auch Werke ...»: ebenda, 29.

«Die Auslegung der heiligen Schriften ...»: ebenda, 78.

150 *Buch Sohar* («Glanz»): Hauptwerk der Kabbala in Form eines Kommentars zur Genesis.

«Nichts geht in der Welt verloren ...»: Buch Sohar II, 110 b. Die Antwort der Zuhörenden ist: «O Greis, was hast du getan ...» – siehe S. 116 dieser Schrift.

152 *Klemens von Alexandrien* (um 150–217 n. Chr.), griechischer Philosoph und Kirchenlehrer der alexandrinischen Katechetenschule.

«Gott hat uns nicht versagt ...»: Klemens von Alexandrien, «Stromata», Buch I, 1–13,1 und 13,5

154 *Dionysios Areopagita:* Ein Mitglied des athenischen Areopags, der von Paulus zum Christentum bekehrt wurde (Apostelgeschichte 17,34). Um 500 erschienen in Syrien unter seinem Namen die christlich-neuplatonischen Schriften: «Von der himmlischen Hierarchie» und «Von der kirchlichen Hierarchie».

157 *mein Buch:* «Die Mystik im Aufgange des neuzeitlichen Geisteslebens und ihr Verhältnis zur modernen Weltanschauung» (1901), GA 7.

159 *«Wir sehen alle Dinge ...»:* Augustinus, «Confessiones» XIII, 38 (nicht wörtlich).

160 *«die Wege des Vaters nachahmend ...»:* Philo, «De confusione linguarum» 63; siehe S. 67 dieser Schrift.

«Im Urbeginne schuf Gott ...»: 1. Mose 1 u. 2.

«Urglanz, der unzählige Strahlen ...»: Philo, «De Cherubim et flammeo gladio» I, 97.

160 *«Als nun aber der Vater ...»:* Plato, «Timaios» 37c, d.

«Und Gott sah, ...»: 1. Mose 1,31.

wie bei Plato, wie in der Mysterienweisheit: In einer Korrekturfahne zur 5. Auflage (1925) fügte Rudolf Steiner zu dieser Stelle noch die Worte hinzu: «auch im Sinne der Bibel». Aus nicht bekannten Gründen wurde diese Ergänzung aber nicht in den gedruckten Text von 1925 aufgenommen.

162 *«Oftmals, wenn ich ...»:* Plotin, 4. Enneade 8,1.

163 *«was mag denn der Grund sein ...»:* Plotin, 5. Enneade 1,1.

«Befriedet sei ihr Körperleben ...»: Plotin, 5. Enneade 1,2.

«Was von Anfang an ...»: 1. Joh. 1,1 u. 3.

164 *Gott hat den Weltleib in Kreuzesform ...:* Siehe S. 66 dieser Schrift und den Hinweis dazu.

166 *Origenes* (um 185–253/54 n. Chr.), Kirchenlehrer, Schüler und Nachfolger von Klemens in der Alexandrinischen Katechetenschule; seine Lehre führte zu heftigen Auseinandersetzungen unter den folgenden Kirchenlehrern.

Gregor von Nazianz (330–390 n. Chr.), Kirchenlehrer und Redner aus Kappadokien; zeitweilig Patriarch von Konstantinopel.

Hieronymus (um 347–420 n. Chr.), Kirchenvater, lebte als Abt in Bethlehem; er schuf die erste lateinische Bibelübersetzung (Vulgata).

«Daß ich mir, wenn ich Gott ...»: Augustinus, «Confessiones» V, 10,19.

167 *«Ich fragte die Erde, ...»:* Augustinus, «Confessiones» X, 6; 9.

167/8 *«Ob die Lebenskraft ...»:* Augustinus, «De Trinitate» X, 14.

168 *«Wir sind und erkennen ...»:* Augustinus, «De civitate Dei» XI, 26.

Aurelius Ambrosius (339–397), Bischof von Mailand.

«mit Aufhebung des mystischen Schleiers ...»: Augustinus, «Confessiones» VI, 4; 6.

«ihr Gesetz das zu glauben ...»: Augustinus, «Confessiones» VI, 5; 7.

169 *«Wer könnte so verblendet sein ...»:* Augustinus, «Contra Faustum» XXXIII, 6.

«Was man gegenwärtig ...»: Augustinus, «Retractationes» I, 13; 3.

170 *«Ihr könntet Frieden finden ...»:* Augustinus, «De quantitate animae» I, 23; 76.

«Welche Wonne und...»: Augustinus, «De quantitate animae» I, 23; 76.

171/176 *«Geheimwissenschaft»:* «Die Geheimwissenschaft im Umriß» (1910), GA 13.

171 *Thomas von Aquino:* Vgl. dazu Rudolf Steiner, «Die Philosophie des Thomas von Aquino», Drei Vorträge in Dornach, 1920, GA 74.

177f. *Haeckels «Natürliche Schöpfungsgeschichte»,* Gemeinverständliche wissenschaftliche Vorträge über die Entwickelungslehre im allgemeinen und diejenige von Darwin, Goethe und Lamarck im besonderen, über die Anwendung derselben auf den Ursprung des Menschen und andere damit zusammenhängende Grundfragen der Naturwissenschaft, 24 Vorträge, Berlin 1868; 9. umgearbeitete und vermehrte Auflage, Berlin 1898.

178 *Rosa Mayreder* (1858–1938), Wiener Schriftstellerin und Malerin. Zu der Begegnung Rudolf Steiners mit ihr siehe: «Mein Lebensgang» (1923 bis 1925), GA 28, S. 158–162.

Adolf von Harnack: Siehe Hinweis zu S. 111.

179 *bei einem so begeisterten Verehrer Ernst Haeckels:* Zu Rudolf Steiners Haeckel-Verehrung siehe die Aufsätze «Haeckel und seine Gegner» (1899), «Ernst Haeckel und die ‹Welträtsel›» (1899), «Die Kämpfe um Haeckels ‹Welträtsel›» (1900), wiederabgedruckt in «Methodische Grundlagen der Anthroposophie», GA 30, und Rudolf Steiners Briefwechsel mit Haeckel in «Briefe II», GA 39.

179 *Ernst Haeckel,* «Die Welträtsel». Gemeinverständliche Studien über monistische Philosophie, Bonn 1899.

180 *«Die Mystik im Aufgange des neuzeitlichen Geisteslebens und ihr Verhältnis zur modernen Weltanschauung»* (1901), GA 7.

Moritz Zitter: Jugendfreund Rudolf Steiners aus der Wiener Zeit, starb 1921. Vgl. Rudolf Steiner, «Briefe II», GA 39.

dem Grafen und der Gräfin Brockdorff: Siehe die einleitende Bemerkung «Zu dieser Ausgabe», S. 183 in diesem Band.

NAMENREGISTER

LITERATURHINWEIS

GA = Rudolf Steiner Gesamtausgabe
TB = Rudolf Steiner Taschenbücher

Zur Weiterführung und Vertiefung der Darstellungen des vorliegenden Bandes sei auf folgende Ausgaben von Rudolf Steiner verwiesen:

Schriften

Die Mystik im Aufgange des neuzeitlichen Geisteslebens und ihr Verhältnis zur modernen Weltanschauung. GA 7 (TB 623)

Die geistige Führung des Menschen und der Menschheit. GA 15 (TB 614)

Vorträge

Das christliche Mysterium. Einunddreißig Einzelvorträge mit sechs Fragenbeantwortungen, gehalten zwischen dem 9. Februar 1906 und dem 17. März 1907 in verschiedenen Städten. GA 97

Das Johannes-Evangelium. Zwölf Vorträge Hamburg 18. bis 31. Mai 1908. GA 103 (TB 644)

Das Johannes-Evangelium im Verhältnis zu den drei anderen Evangelien, besonders zu dem Lukas-Evangelium. Vierzehn Vorträge Kassel 24. Juni bis 7. Juli 1909. GA 112

Das Lukas-Evangelium. Zehn Vorträge, Basel 15. bis 26. September 1909. GA 114 (TB 655)

Das Matthäus-Evangelium. Zwölf Vorträge, Bern 1. bis 12. September 1910. GA 123 (TB 668)

Von Jesus zu Christus. Elf Vorträge, darunter ein einleitender Vortrag, Karlsruhe 4. bis 14. Oktober 1911. GA 131 (TB 645)

Das Markus-Evangelium. Zehn Vorträge, Basel 15. bis 24. September 1912. GA 139 (TB 665)

Die Mysterien des Morgenlandes und des Christentums. Vier Vorträge, Berlin 3. bis 6. Februar 1913. GA 144

Aus der Akasha-Forschung. Das Fünfte Evangelium. Achtzehn Vorträge, gehalten 1913 und 1914 in verschiedenen Städten. GA 148

Das Lebenswerk, welches Rudolf Steiner der Nachwelt hinterlassen hat, dürfte nach Gehalt und Umfang innerhalb der Kulturwelt wohl ohne Beispiel dastehen. Seine Schriften – die Werke und Aufsätze – bilden die Grundlage für das, was er im Laufe seines Lebens in Vorträgen und Kursen seinen Zuhörern als «anthroposophisch orientierte Geisteswissenschaft» von immer neuen Aspekten aus darstellte und ausführte. Der größte Teil dieser rund sechstausend Vorträge ist in Nachschriften erhalten geblieben. Daneben entfaltete er auch auf künstlerischem Gebiet eine große Tätigkeit, welche ihren Höhepunkt in der Errichtung des ersten Goetheanumbaues in Dornach fand. So liegen eine große Anzahl malerischer, plastischer und architektonischer Arbeiten, Entwürfe und Skizzen von seiner Hand vor. Die durch ihn gegebenen Anregungen für die Erneuerung zahlreicher Lebensgebiete beginnen in der gegenwärtigen Zeit vermehrte Beachtung zu finden.

Seit dem Jahre 1956 wird durch die «Rudolf Steiner-Nachlaßverwaltung» an der Herausgabe der «*Rudolf Steiner Gesamtausgabe*» gearbeitet, die einen Umfang von etwa 330 Bänden erhalten wird. In den beiden ersten Abteilungen erscheinen die *Schriften* und das *Vortragswerk*, während in einer dritten Abteilung das *künstlerische Werk* in geeigneter Form zur Wiedergabe gelangt.

Einen systematischen Überblick über das Gesamtwerk gibt der Band «Bibliographische Übersicht. Das literarische und künstlerische Werk von Rudolf Steiner», auf welchen sich die im folgenden verwendete Bezeichnung «Bibl.-Nr.» bezieht. Über den jeweiligen Stand der erschienenen Bände orientieren die Bücherverzeichnisse und der Gesamtkatalog des «Rudolf Steiner Verlages».

Chronologischer Lebensabriß

(zugleich Übersicht über die geschriebenen Werke)

1861 Am 27. Februar wird Rudolf Steiner in Kraljevec (damals Österreich-Ungarn, heute Jugoslawien) als Sohn eines Beamten der österreichischen Südbahn geboren. Seine Eltern stammen aus Niederösterreich. Er verlebt seine Kindheit und Jugend an verschiedenen Orten Österreichs.

1872 Besuch der Realschule in Wiener-Neustadt bis zum Abitur 1879.

1879 Studium an der Wiener Technischen Hochschule: Mathematik und Naturwissenschaft, zugleich Literatur, Philosophie und Geschichte. Grundlegendes Goethe-Studium.

1882 Erste schriftstellerische Tätigkeit.

1882–1897 Herausgabe von Goethes Naturwissenschaftlichen Schriften in Kürschners «Deutsche National-Litteratur», fünf Bände (Bibl.-Nr. 1a–e). Eine selbständige Ausgabe der Einleitungen erschien 1925 unter dem Titel *Goethes Naturwissenschaftliche Schriften* (Bibl.-Nr. 1).

1884–1890 Privatlehrer bei einer Wiener Familie.

1886 Berufung zur Mitarbeit bei der Herausgabe der großen «Sophien-Ausgabe» von Goethes Werken.
Grundlinien einer Erkenntnistheorie der Goetheschen Weltanschauung mit besonderer Rücksicht auf Schiller (Bibl.-Nr. 2).

1888 Herausgabe der «Deutschen Wochenschrift», Wien (Aufsätze daraus in Bibl.-Nr. 31). Vortrag im Wiener Goethe-Verein: *Goethe als Vater einer neuen Ästhetik* (in Bibl.-Nr. 30).

1890–1897 Weimar. Mitarbeit am Goethe- und Schiller-Archiv. Herausgeber von Goethes Naturwissenschaftlichen Schriften.

1891 Promotion zum Doktor der Philosophie an der Universität Rostock. 1892 erscheint die erweiterte Dissertation: *Wahrheit und Wissenschaft. Vorspiel einer «Philosophie der Freiheit»* (Bibl.-Nr. 3).

1894 *Die Philosophie der Freiheit. Grundzüge einer modernen Weltanschauung. Seelische Beobachtungsresultate nach naturwissenschaftlicher Methode* (Bibl.-Nr. 4).

1895 *Friedrich Nietzsche, ein Kämpfer gegen seine Zeit* (Bibl.-Nr. 5).

1897 *Goethes Weltanschauung* (Bibl.-Nr. 6)
Übersiedlung nach Berlin. Herausgabe des «Magazin für Literatur» und der «Dramaturgischen Blätter» zusammen mit O. E. Hartleben. (Aufsätze daraus in Bibl.-Nrn. 29–32). Wirksamkeit in der «Freien literarischen Gesellschaft», der «Freien dramatischen Gesellschaft», im «Giordano Bruno-Bund», im Kreis der «Kommenden» u. a.

1899–1904 Lehrtätigkeit an der von W. Liebknecht gegründeten Berliner «Arbeiter-Bildungsschule».

1900/01 *Welt- und Lebensanschauungen 19. Jahrhundert*, 1914 erweitert zu: *Die Rätsel der Philosophie* (Bibl.-Nr. 18). Beginn der anthroposophischen Vortragstätigkeit auf Einladung der Theosophischen Gesellschaft in Berlin. *Die Mystik im Aufgange des neuzeitlichen Geisteslebens* (Bibl.-Nr. 7).

1902–1912 Aufbau der Anthroposophie. Regelmäßige öffentliche Vortragstätigkeit in Berlin und ausgedehnte Vortragsreisen in ganz Europa. Marie von Sivers (ab 1914 Marie Steiner) wird seine ständige Mitarbeiterin.

1902 *Das Christentum als mystische Tatsache und die Mysterien des Altertums* (Bibl.-Nr. 8).

1903 Begründung und Herausgabe der Zeitschrift «Luzifer», später *«Lucifer-Gnosis»* (Aufsätze in Bibl.-Nr. 34).

1904 *Theosophie. Einführung in übersinnliche Welterkenntnis und Menschenbestimmung* (Bibl.-Nr. 9).

1904/05 *Wie erlangt man Erkenntnisse der höheren Welten?* (Bibl.-Nr. 10). *Aus der Akasha-Chronik* (Bibl.-Nr. 11). *Die Stufen der höheren Erkenntnis* (Bibl.-Nr. 12).

1910 *Die Geheimwissenschaft im Umriß* (Bibl.-Nr. 13).

1910–1913 In München werden die *Vier Mysteriendramen* (Bibl.-Nr. 14) uraufgeführt.

1911 *Die geistige Führung des Menschen und der Menschheit* (Bibl.-Nr. 15).

1912 *Anthroposophischer Seelenkalender. Wochensprüche* (in Bibl.-Nr. 40, und selbständige Ausgaben). *Ein Weg zur Selbsterkenntnis des Menschen* (Bibl.-Nr. 16).

1913 Trennung von der Theosophischen und Begründung der Anthroposophischen Gesellschaft.
Die Schwelle der geistigen Welt (Bibl.-Nr. 17).

1913–1922 Errichtung des in Holz als Doppelkuppelbau gestalteten ersten Goetheanum in Dornach/Schweiz.

1914–1923 Dornach und Berlin. In Vorträgen und Kursen in ganz Europa gibt Rudolf Steiner Anregungen für eine Erneuerung auf vielen Lebensgebieten: Kunst, Pädagogik, Naturwissenschaften, soziales Leben, Medizin, Theologie. Weiterbildung der 1912 inaugurierten neuen Bewegungskunst «Eurythmie».

1914 *Die Rätsel der Philosophie in ihrer Geschichte als Umriß dargestellt* (Bibl.-Nr. 18).

1916–1918 *Vom Menschenrätsel* (Bibl.-Nr. 20). *Von Seelenrätseln* (Bibl.-Nr. 21). *Goethes Geistesart in ihrer Offenbarung durch seinen «Faust» und durch das «Märchen von der Schlange und der Lilie»* (Bibl.-Nr. 22).

1919 Rudolf Steiner vertritt den Gedanken einer «Dreigliederung des sozialen Organismus» in Aufsätzen und Vorträgen, vor allem im süddeutschen Raum. *Die Kernpunkte der sozialen Frage in den Lebensnotwendigkeiten der Gegenwart und Zukunft* (Bibl.-Nr. 23). *Aufsätze über die Dreigliederung des sozialen Organismus* (Bibl.-Nr. 24). Im Herbst wird in Stuttgart die «Freie Waldorfschule» begründet, die Rudolf Steiner bis zu seinem Tode leitet.

1920 Beginnend mit dem Ersten anthroposophischen Hochschulkurs finden im noch nicht vollendeten Goetheanum fortan regelmäßig künstlerische und Vortragsveranstaltungen statt.

1921 Begründung der Wochenschrift «Das Goetheanum» mit regelmäßigen Aufsätzen und Beiträgen Rudolf Steiners (in Bibl.-Nr. 36).

1922 *Kosmologie, Religion und Philosophie* (Bibl.-Nr. 25).
In der Silvesternacht 1922/23 wird der Goetheanumbau durch Brand vernichtet. Für einen neuen in Beton konzipierten Bau kann Rudolf Steiner in der Folge nur noch ein erstes Außenmodell schaffen.

1923 Unausgesetzte Vortragstätigkeit, verbunden mit Reisen. Zu Weihnachten 1923 Neubegründung der «Anthroposophischen Gesellschaft» als «Allgemeine Anthroposophische Gesellschaft» unter der Leitung Rudolf Steiners.

1923–1925 Rudolf Steiner schreibt in wöchentlichen Folgen seine unvollendet gebliebene Selbstbiographie *Mein Lebensgang* (Bibl.-Nr. 28) sowie *Anthroposophische Leitsätze* (Bibl.-Nr. 26), und arbeitet mit Dr. Ita Wegman an dem Buch *Grundlegendes für eine Erweiterung der Heilkunst nach geisteswissenschaftlichen Erkenntnissen* (Bibl.-Nr. 27).

1924 Steigerung der Vortragstätigkeit. Daneben zahlreiche Fachkurse. Letzte Vortragsreise in Europa. Am 28. September letzte Ansprache zu den Mitgliedern. Beginn des Krankenlagers.

1925 Am 30. März stirbt Rudolf Steiner in Dornach.

RUDOLF STEINER GESAMTAUSGABE

Überblick über das literarische und künstlerische Werk

Erste Abteilung: Die Schriften

I. Werke

Goethes Naturwissenschaftliche Schriften, eingeleitet und kommentiert von R. Steiner, 5. Bände (Bibl.-Nr. 1 a–e); separate Ausgabe der Einleitungen (Bibl.-Nr. 1)

Grundlinien einer Erkenntnistheorie der Goetheschen Weltanschauung (Bibl.-Nr. 2)

Wahrheit und Wissenschaft. Vorspiel einer «Philosophie der Freiheit» (Bibl.-Nr. 3)

Die Philosophie der Freiheit (Bibl.-Nr. 4)

Friedrich Nietzsche, ein Kämpfer gegen seine Zeit (Bibl.-Nr. 5)

Goethes Weltanschauung (Bibl.-Nr. 6)

Die Mystik im Aufgange des neuzeitlichen Geisteslebens und ihr Verhältnis zur modernen Weltanschauung (Bibl.-Nr. 7)

Das Christentum als mystische Tatsache und die Mysterien des Altertums (Bibl.-Nr. 8)

Theosophie. Einführung in übersinnliche Welterkenntnis und Menschenbestimmung (Bibl.-Nr. 9)

Wie erlangt man Erkenntnisse der höheren Welten? (Bibl.-Nr. 10)

Aus der Akasha-Chronik (Bibl.-Nr. 11)

Die Stufen der höheren Erkenntnis (Bibl.-Nr. 12)

Die Geheimwissenschaft im Umriß (Bibl.-Nr. 13)

Vier Mysteriendramen: Die Pforte der Einweihung – Die Prüfung der Seele – Der Hüter der Schwelle – Der Seelen Erwachen (Bibl.-Nr. 14)

Die geistige Führung des Menschen und der Menschheit (Bibl.-Nr. 15)

Anthroposophischer Seelenkalender (in Bibl.-Nr. 40)

Ein Weg zur Selbsterkenntnis des Menschen (Bibl.-Nr. 16)

Die Schwelle der geistigen Welt (Bibl.-Nr. 17)

Die Rätsel der Philosophie in ihrer Geschichte als Umriß dargestellt (Bibl.-Nr. 18)

Vom Menschenrätsel (Bibl.-Nr. 20)

Von Seelenrätseln (Bibl.-Nr. 21)

Goethes Geistesart in ihrer Offenbarung durch seinen «Faust» und durch das «Märchen von der Schlange und der Lilie» (Bibl.-Nr. 22)

Die Kernpunkte der sozialen Frage in den Lebensnotwendigkeiten der Gegenwart und Zukunft (Bibl.-Nr. 23)

Aufsätze über die Dreigliederung des sozialen Organismus und zur Zeitlage 1915–1921 (Bibl.-Nr. 24)

Kosmologie, Religion und Philosophie (Bibl.-Nr. 25)
Anthroposophische Leitsätze (Bibl.-Nr. 26)
Grundlegendes für eine Erweiterung der Heilkunst nach geisteswissenschaftlichen Erkenntnissen. Von Dr. Rudolf Steiner und Dr. Ita Wegman (Bibl.-Nr. 27)
Mein Lebensgang (Bibl.-Nr. 28)

II. Gesammelte Aufsätze

Gesammelte Aufsätze zur Dramaturgie 1889–1900 (Bibl.-Nr. 29)
Methodische Grundlagen der Anthroposophie. Gesammelte Aufsätze zur Philosophie, Naturwissenschaft, Ästhetik und Seelenkunde 1884–1901 (Bibl.-Nr. 30)
Gesammelte Aufsätze zur Kultur- und Zeitgeschichte 1887–1901 (Bibl.-Nr. 31)
Gesammelte Aufsätze zur Literatur 1886–1902 (Bibl.-Nr. 32)
Biographien und biographische Skizzen 1894–1905 (Bibl.-Nr. 33)
Luzifer-Gnosis. Grundlegende Aufsätze zur Anthroposophie und Berichte aus der Zeitschrift «Luzifer» und «Lucifer-Gnosis» 1903–1908 (Bibl.-Nr. 34)
Philosophie und Anthroposophie. Gesammelte Aufsätze 1904–1918 (Bibl.-Nr. 35)
Der Goetheanumgedanke inmitten der Kulturkrisis der Gegenwart. Gesammelte Aufsätze aus der Wochenschrift «Das Goetheanum» 1921–1925 (Bibl.-Nr. 36)

III. Veröffentlichungen aus dem Nachlaß

Briefe – Wahrspruchworte – Bühnenbearbeitungen – Entwürfe zu den Vier Mysteriendramen 1910–1913 – Anthroposophie. Ein Fragment aus dem Jahre 1910 – Gesammelte Skizzen und Fragmente – Aus Notizbüchern und -blättern (Bibl.-Nrn. 38–47)

Zweite Abteilung: Das Vortragswerk

I. Öffentliche Vorträge

Die Berliner öffentlichen Vortragsreihen («Architektenhaus-Vorträge») 1903/04 bis 1917/18 (Bibl.-Nrn. 51–67)
Öffentliche Vorträge, Vortragsreihen und Hochschulkurse an anderen Orten Europas 1906–1924 (Bibl.-Nrn. 68–84)

II. Vorträge vor Mitgliedern der Anthroposophischen Gesellschaft

Vorträge und Vortragszyklen allgemein-anthroposophischen Inhalts – Evangelien-Betrachtungen – Christologie – Geisteswissenschaftliche Menschenkunde – Kosmische und menschliche Geschichte – Die geistigen Hintergründe der sozialen Frage – Der Mensch in seinem Zusammenhang mit dem Kosmos – Karma-Betrachtungen (Bibl.-Nrn. 91–244)

Vorträge und Schriften zur Geschichte der anthroposophischen Bewegung und der Anthroposophischen Gesellschaft (Bibl.-Nrn. 251–263)

III. Vorträge und Kurse zu einzelnen Lebensgebieten

Vorträge über Kunst: Allgemein-Künstlerisches – Eurythmie – Sprachgestaltung und Dramatische Kunst – Musik – Bildende Künste – Kunstgeschichte (Bibl.-Nrn. 271–292)

Vorträge über Erziehung (Bibl.-Nrn. 293–311)

Vorträge über Medizin (Bibl.-Nrn. 312–319)

Vorträge über Naturwissenschaft (Bibl.-Nrn. 320–327)

Vorträge über das soziale Leben und die Dreigliederung des sozialen Organismus (Bibl.-Nrn. 328–341)

Vorträge für die Arbeiter am Goetheanumbau (Bibl.-Nrn. 347–354)

Dritte Abteilung: Das künstlerische Werk

Reproduktionen und Veröffentlichungen aus dem künstlerischen Nachlaß

Originalgetreue Wiedergaben von malerischen und graphischen Entwürfen und Skizzen Rudolf Steiners in Kunstmappen oder als Einzelblätter: Entwürfe für die Malerei des Ersten Goetheanum – Schulungsskizzen für Maler – Programmbilder für Eurythmie-Aufführungen – Eurythmieformen – Entwürfe zu den Eurythmiefiguren, u. a.

Die Bände der Rudolf Steiner Gesamtausgabe sind innerhalb einzelner Gruppen einheitlich ausgestattet. Jeder Band ist einzeln erhältlich. Ausführliche Verzeichnisse können beim Verlag angefordert werden.